AF411280

ESSAI

SUR LE

DESPOTISME.

LONDRES;

M. DCC. LXXV.

*Dedimus profecto grande patientiæ docu-
mentum , & ficut vetus ætas vidit , quid
ultimùm in libertate effet , ita nos quid in
fervitute , adempto per inquifitiones & lo-
quendi audiendique commercio , memoriam
quoque ipfam cum voce perdidiffemus , fi tam
in noftra poteftate effet oblivifci quàm tacere.*

(Tacit. vit. Agricol.)

Certes nous avons donné un grand exemple de patience , & comme les âges précé-
dens ont vu le plus haut degré de la liberté ,
de même nous avons atteint le dernier période de la fervitude. Les délations nous
ont arraché la douceur d'écouter & de parler , & nous euffions perdu la mémoire avec
la voix, s'il étoit auffi-bien en notre pouvoir d'oublier que de nous taire.

(*Tacite , vie d'Agricola.*)

A V I S

DE L'ÉDITEUR.

LE hazard a fait tomber dans mes mains le manufcrit que je livre au public. Je cherchois dans les papiers d'un ami, que je venois de perdre, une note intéreffante pour les affaires de fes parens. Je trouvai, parmi d'autres fragmens littéraires, un paquet cacheté, & ce peu de mots écrits fur l'enveloppe.

„ L'ouvrage renfermé fous ce cachet al-
„ loit paroitre quand Louis XV. eft mort.
„ Il fut fait à la hâte, parce que je vou-
„ lois faifir le moment de crife où la France
„ étoit plongée, pour produire une fenfa-
„ tion que je croyois poffible & néceffaire.
„ Les tems font changés. Il faut, pour pu-
„ blier un tel écrit, attendre qu'ils revien-
„ nent, fi nous fommes deftinés à les re-
„ voir encore. Le Prince qui vient de mon-

„ ter fur le trône aime les honnêtes gens , &
„ veut le bien. Ce jeune Roi pourra fe trom-
„ per long-tems fur les moyens de l'opérer ,
„ fans être coupable. Je renferme donc
„ mon ouvrage , & ne le détruis pas. Ma
„ fanté dépériffante m'empêche de le re-
„ faire ; il en auroit befoin , fans doute :
„ mais , quelque défectueux qu'il foit , on y
„ trouvera toujours des vérités utiles à tous
„ les hommes , & courageufement expri-
„ mées. ”

Je lus ce manufcrit avec l'avidité d'un homme fenfible , à qui tout ce qui refte de fon ami eft cher & précieux. La franchife de l'Auteur m'eût intéreffé , quand il n'auroit pas eu d'autres titres fur mon cœur. J'ai cru que malgré les fautes de cet ouvrage , fautes qu'on doit attribuer peut-être à la maniere preffée dont il a été travaillé , il feroit utile , & par conféquent eftimable.

J'ai cru que l'avénement d'un jeune Roi plein d'émulation & de bonne volonté , étoit le véritable moment où l'on devoit l'effrayer fur les moyens arbitraires & les fuites du Defpotifme. Louis XVI. ne voit encore aujourd'hui autour de son trône que les nombreux monumens du gaspillage effréné d'argent, fait par son aïeul. Cette image effrayante doit lui inspirer le desir des privations & le goût de l'économie. C'est quelque chose, sans doute, que l'économie de détail; mais ce n'est pas tout, à beaucoup près : tant qu'une perception arbitraire subsistera, on n'opérera que de petits biens, & l'on fera de grands maux. La perception est l'unique base de la félicité publique, & la véritable pierre de touche d'un homme d'Etat; les Rois ne naissent pas tels; ils le deviennent difficilement même, parce qu'ils savent rarement combien ils ont besoin de le devenir.

Un jeune Prince peut, avec les meilleures intentions, imaginer de bonne foi, d'après l'exemple de ses prédécesseurs & l'habitude introduite dans l'administration de son Etat, qu'on ne peut remédier à rien que par des coups d'autorité. S'il n'est pas en garde contre cette erreur meurtriere, il fera le mal malgré son propre cœur, & achevera de briser des ressorts déja trop usés.

Il doit donc apprendre que les coups d'autorité font toujours dangereux, & jamais bons à rien dans l'adminiftration civile & politique d'un Etat.

Il doit apprendre fur-tout, que c'eft au régime arbitraire lui-méme, qu'il faut attribuer le défordre des finances, qui a mis fon royaume à deux doigts de fa perte.

En un mot, il faut l'éclairer avant qu'on ait pu l'égarer & le corrompre. Si l'on avoit remporté fur lui ce fuccès funefte, il ne feroit plus tems d'y remédier, notre perte feroit confommée.

Si le développement de ces vérités n'eft pas néceffaire au Prince, ce qu'on ne peut guere préfumer de fon éducation & de fa jeuneffe, au moins importe - t - il à la nation, dont les Rois ne font pas éternels, & qui ne redeviendra jamais heureufe & libre d'une maniere affurée, qu'elle ne foit inftruite.

Si les François enfin font affez heureux pour qu'un tel ouvrage leur foit inutile, il doit intéreffer du moins le refte des hommes. L'Europe, la fervile Europe, ne man-

quera jamais de Defpotes, qu'alors que les
fujets fauront comment on forge leurs chaînes, & comment ils peuvent les brifer.

Le voici donc cet ouvrage : je me fuis
religieufement abftenu d'y rien changer ;
peut-être y defireroit-on plus d'ordre, &
un plan mieux déterminé ; mais ce livre
n'eft pas le mien : d'ailleurs, la rapidité
même avec laquelle il eft écrit, prouvera
combien fut fincere & refpectable le patrio-
tifme du citoyen qui ofoit s'exprimer avec
une telle véhémence.... Que des hommes
vertueux eftiment & louent fon zele ; &
cet hommage fera la confolation de l'ami
qui lui furvit.

ESSAI

SUR LE

DESPOTISME.

A MONSIEUR

LE DAUPHIN.

L A Nature vous a fait homme.

Quelques-uns de vos Ancêtres ont mérité l'eſtime & l'amour d'une nation nombreuſe & puiſſante.

Elle vous appelle à remplir les devoirs les plus importans, puiſque votre conduite va fixer les regards de vingt millions d'hommes, qui attendent leur bonheur de vous; & les plus ſacrés, puiſqu'ils vous ſont impoſés par la reconnoiſſance.

Vos flatteurs, c'eſt - à - dire, tous ceux qui vous entourent, vous ont ſans doute répété plus d'une fois, „ que vous apportâtes en naiſ-
„ ſant des droits impreſcriptibles & irrévocables
„ à l'autorité ſuprême. ”

J'oſe renverſer ce principe d'adulation & de

délire, confacré depuis fi long-tems par de vils efclaves, & qui n'a d'autre fondement en Droit, que le frêle appui de l'ignorance.

Si vous pouviez vous rappeller vos langes & votre berceau, peut-être ce fouvenir, humiliant pour vous comme pour tous les autres hommes, vous apprendroit-il que vous n'êtes pas né puiffant, & qu'il étoit aifé de vous opprimer avant que vous euffiez le pouvoir & le defir d'être oppreffeur.

Mais tout fe dénature au fouffle infect de la flatterie & de la fervitude. On s'empreffera d'étouffer vos lumieres naturelles, pour y fubftituer les illufions de l'amour-propre & de la cupidité.

Retenez cette leçon d'un Philofophe * refpectable, car il a défendu avec force les droits de l'homme.

„ C'eft être ufurpateur que de faire céder
„ les loix à la violence : celui qui le dépofe
„ & conforme fon autorité aux loix, eft
„ Roi de droit. On doit regarder comme re-
„ belles les adhérens d'un Prince, qui, dans
„ un Etat libre, veut être defpotique; quelque

---

* *Gordon, difc. 1. fur Salluste.*

„ longue que foit la fuite des ancètres du Prince,
„ & quoique la fucceffion n'ait point été in-
„ terrompue, la naiffance ne peut donner à qui
„ que ce foit le droit de commettre des vio-
„ lences : il n'y a perfonne qui puiffe avoir un
„ titre pour faire des injuftices ; ainfi on ne
„ peut avoir le droit de fuccéder à un titre
„ qui n'exifte pas. ”

Méditez ces paroles , applicables à tous les pays & à toutes les conftitutions ; puifque les droits des hommes font par-tout les mèmes ; méditez ces paroles, & vous faurez tout ce qu'il vous importe d'apprendre, pour ètre en garde contre votre propre orgueil & vos corrupteurs.

Mais vous trouverez ici des vérités de détail que peu d'hommes auront le courage de vous adreffer ; ayez celui de les entendre.

Les courtifans & les fanatiques fe récrieront fans doute fur la licence de ma plume , car j'étonnerai également l'idole & fes adorateurs : ils invoqueront la vengeance , car ma franchife les humiliera. Je dédaigne leurs clameurs ; parce que j'ai la confcience de mes intentions ; & fi ma conduite n'eft pas prudente , mes écrits du moins feront l'apologie de mes principes & de mes fentimens.

Prince, l'efclave qui vous flatte vous outrage ; car il vous tend un piege & compte fur votre foibleffe. Celui qui nieroit vos droits & refuferoit de reconnoître votre autorité, vous feroit une moindre injure que celui qui vous en confeilleroit l'abus, *& la perfidie qui vous trompe eft auffi criminelle que celle qui vous détrôneroit.* *

Vos Miniftres acheteront des plumes vénales pour parler de vos *prérogatives* & de votre *puiffance.* Affez d'autres feront retentir ces mots dans les lieux que vous habitez & que fuit l'auftere vérité. *Affez d'autres parleront à votre rang,* (1) il eft plus noble & plus jufte de parler *à vous,* de vous entretenir de vos devoirs & du danger de les enfreindre. *Pour flatter quelque Prince que ce foit, il n'eft pas befoin de l'aimer, & il eft difficile de donner à un maître des confeils juftes.* (2)

---

* *Maffillon.*

(1) *Cæteri libentiùs cum fortunâ quàm nobifcum,* dit Galba à Pifon en l'affociant à l'Empire. (Tacit. hift.)

(2) *Nam fuadere principi quod oporteat multi laboris, affentatio ergà principem quemcumque, fine affectu peragitur.* (idem. ibid.)

Je me fuis fervi de la traduction de M. d'Alembert.

NB. Toutes les notes qu'on trouvera fréquemment répandues dans le corps de cet ouvrage font de l'Auteur. (note de l'Editeur.)

Mais on ne lit dans les livres que ce qu'on a dans la tête & dans le cœur. C'est dans le vôtre qu'est écrit le fort de cet ouvrage. Je fouhaite qu'il opere quelque bien, & je crains peu les dangers qu'il pourra m'attirer.

Si le Ciel, dans fa colere, vous deftina à devenir un tyran, quel homme de cœur ne fait pas fe fouftraire à la tyrannie?

Si vous méritez de gouverner & d'obtenir la confiance publique, qu'ai-je à redouter? Marc-Aurele & Trajan étoient dignes qu'on leur fit entendre les vérités que j'ofe vous offrir; & c'eft l'hommage le plus refpectueux que vous recevrez jamais.

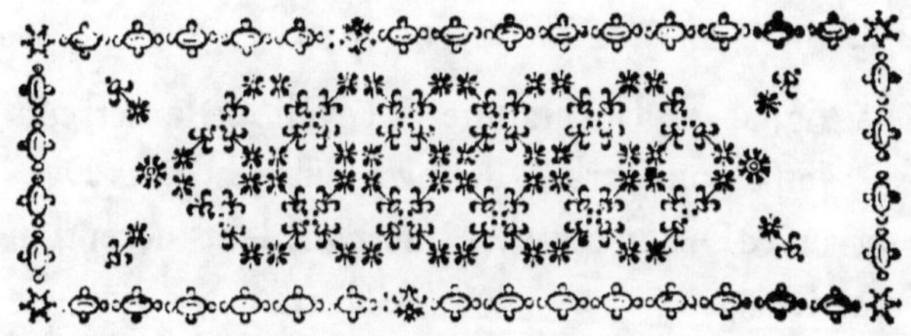

ESSAI

SUR LE

DESPOTISME.

Toutes les fenfations s'émouſſent chez les hommes ; toutes les opinions s'alterent : les langues, truchement général de l'humanité, éprouvent les mèmes variations , & parcourent les mèmes périodes. Les acceptions different d'un fiecle, d'une révolution à l'autre, jufqu'à devenir méconnoiſſables.

Perſonne n'ignore l'étymologie du mot Despote, (1) dénomination autrefois deſtinée à l'autorité tutélaire, & devenue dans nos langues

----

(1) Ce mot vient du grec Δεσπότης, & ſignifie *Maitre* ou *Seigneur*.

Uſurpateur , *Deſpote*, ou *Tyran*, dans l'acception mo

le signal de la tyrannie & l'éveil de la terreur.

Je ne confidérerai dans cet effai les mots Despote & Despotisme , que dans leur acception
moderne.

Commençons par obferver dans le cœur humain la paffion qui produit le Defpotifme. Alors
il fera facile de le définir ; il viendra de lui-
même fe ranger à fa place.

L'homme eft-il enclin au Defpotifme ?
Cette queftion philofophique , peut-être plus cu-
rieufe qu'importante , & dans laquelle , comme
dans toutes les autres , il faut fixer & circonfcrire
la fignification des mots avec l'exactitude la plus
rigoureufe , néceffite une diftinction préliminaire.

L'homme naturel & *l'homme focial* different par
des nuances infinies , qu'il ne faut jamais confondre. Il n'y a guere plus de comparaifon entre l'individu naturel , & l'individu modifié par
la fociété, qu'entre un citoyen ordinaire , & un
caftor très-induftrieufement organifé ; & fans
étaler

---

derne donnée à ces mots , s'exprimoit en grec par le
mot Τύραννος.

Il y eut dans le bas Empire une dignité indiquée par
le mot *Defpote*. L'Empereur *Alexis* , furnommé l'*Ange* ,
créa cette dignité , & lui donna le premier rang après
l'Emperur.

étaler ici une inutile érudition, on peut conclure en général du peu de lumieres recueillies
à cet égard, que non-feulement l'homme fauvage
n'eft prefque point éloigné de l'état animal, (quoiqu'il en foit plus ou moins diftant, felon les
circonftances du climat fous lequel il refpire, ou
de la conftitution phyfique que lui a départi la
nature) mais encore que l'homme focial, réduit
à la vie fauvage, perdroit la plus grande partie
des notions, des connoiffances & des paffions
qui diftinguent notre maniere d'ètre de la vie
purement animale. (1)

Mais eft-il très-néceffaire au perfectionnement
de l'organifation des focietés de favoir précifé-
ment ce qu'étoit l'homme naturel?

Il feroit bien malheureux que cela fût; car
il eft à-peu-près impoffible de fatisfaire à cet
égard notre curiofité.

Nous connoiffons bien imparfaitement le peu
d'hommes naturels que nous avons trouvés fur le
globe , & nous nous fommes beaucoup plus
occupés à les maffacrer qu'à les obferver.

---

(1) Voyez dans les excellentes recherches philofophiques fur les Américains, l'hiftoire de l'infortuné
Ecoffois nommé Selkirk, & dans la défenfe de ces
mé mes recherches l'exemple d'un mathématicien nommé Marcial.

Si les *Orang-Outang*, cette espece d'animaux
si rapprochée de notre configuration, & peut-
être de l'instinct humain, que les naturalistes
font presque incertains sur la classe dans laquelle
ils doivent les ranger, si les *Orang* arrivoient
jamais au degré de perfectibilité dont l'homme
est doué, & parvenoient à mettre en œuvre cette
faculté précieuse, il seroit fort curieux & fort
utile aux premiers d'entre eux réunis en société,
d'observer par quelle gradation ils auroient fait
tant de progrès : probablement ils ne s'en occu-
peroient point, car ils n'en auroient pas le tems ;
& d'ailleurs, ils ne seroient pas plus capables
encore d'observer, que de sentir le prix des ob-
servations : mais si cette société étoit parvenue
au degré de connoissances que nous avons acquises, je crois que ce seroit un tems inutile-
ment perdu pour elle, que celui qu'elle consu-
meroit en vains efforts pour se rappeller les
détails de la vie animale de chacun de ses individus.

Ne cherchez point dans cette comparaison ce
qui peut prêter au ridicule, car une plaisan-
terie bonne ou mauvaise ne prouve rien, &
convenez :

Que l'homme naturel n'est probablement qu'un

animal d'une organifation très-fupérieure, mais fur-tout incomparable à toute autre efpece, par fon inftinct po..r la fociété, beaucoup plus marqué que dans tous les autres animaux ; inftinct qui développe & met en œuvre toute fa perfectibilité.

Si donc, comme j'efpere le prouver à fa place, la formation des fociétés eft le réfultat néceffaire de l'inftinct focial que l'homme a reçu de la Nature, il nous importe fort peu de favoir quels font les fentimens de l'homme naturel, pourvu que nous connoiffions fes penchans fociaux.

C'eft ainfi qu'on doit mettre à l'écart tous ces problèmes dont la difcuffion n'intéreffe guere que l'amour-propre de celui qui s'efforce de les réfoudre.

C'eft ainfi qu'il faudroit fimplifier cette queftion fi long-tems & fi diverfement agitée, & qui tient inféparablement à mon fujet. *L'homme eft-il naturellement bon ou méchant ?*

Le Philofophe* de Malmesbury, Carneades, long-tems avant lui, & bien d'autres prétendus fages après, nous offrent d'un côté des déclamations

---

* *Hobbes.*

& des fubtilités, & ne font honneur ni à leur
efprit ni à leur cœur , en nous affurant que
l'homme eft mauvais par effence.

S'il pouvoit être utile de croire à une vérité
auffi trifte , les fanatiques, les intolérans , l'hiftoire des croifades , & fur-tout celle de l'indé-
finiffable fureur des Européens dans le nouveau
monde , nous perfuaderoient plutôt que la plus
fombre éloquence , dont le coloris & les efforts
feront toujours fort au-deffous des forfaits humains.

Mais j'ai dit qu'une pareille opinion ne fait
honneur ni à l'efprit , ni au cœur de celui qui
entreprend de la démontrer.

Un auteur fait tort à fon cœur, en foutenant
un tel principe; parce qu'il donne lieu de penfer qu'il juge des autres par lui-même. La véritable vertu eft toujours douce & indulgente.

Il fait tort à fon efprit , parce qu'il foutient
une erreur évidente, (car le monde n'exifteroit
pas fi l'homme étoit effentiellement méchant ;
& il n'eft pas un être humain affez malheureux
pour n'avoir pas éprouvé quelquefois en fa vie ,
qu'il étoit compatiffant & bienfaifant par inftinct ;) parce qu'il conclut un principe général
de faits particuliers , preuve prefque certaine

d'un esprit borné ; parce qu'il déshonore &
ravale la nature humaine en pure perte ; car
quelle utilité pouvons-nous retirer de ce principe, *que l'homme eſt méchant ?* ... Vous ſerez en
garde contre lui, me dira-t-on : eh, ne voyez-vous
pas que la méchanceté de tant d'hommes l'em-
portera ſur ma méfiance !

Des philoſophes plus amis de l'humanité,
plus ſeaſibles, plus éclairés, nous diſent : *l'homme naturel eſt juſte & bienfaiſant.*

Quand ces reſpectables *philantropes* auroient
tort, ils s'égareroient par enthouſiaſme du bien ;
& j'oſe vous aſſurer que leur erreur ſeroit encore utile & conſolante.

Mais ſubſtituez le mot *ſocial* au mot *naturel*,
& ils auront rigoureuſement raiſon ; car ſi l'on
peut leur objecter, que l'homme naturel excité
par ſes beſoins, emporté par ſa fougue, peut igno-
rer ou méconnoître cette vertu qu'on appelle
bienfaiſance ; qu'il eſt certain qu'il ne ſait ce que
c'eſt que *juſtice* ; car cette vertu ne peut exiſter
qu'avec les relations de la ſociété ; ils répon-
dront :

L'homme naturel ne ſauroit être conçu ſans
aucune relation. Cette abſtraction eſt purement
idéale & incompréhenſible. Moins les relations

font intimes , moins elles font étendues, & plus il eft fauvage , c'eft-à-dire , effarouché par l'idée du befoin qui le menace fans ceffe ; car il a d'autant moins de reffource pour le fatisfaire , qu'il eft plus ifolé ; il eft emporté par l'impulfion des paffions d'autant plus défordonnées , qu'elles font moins éclairées & plus folitaires.

Qu'avons nous donc prétendu dire ? Que la fociabilité, la premiere des vertus , parce qu'elle eft le premier des befoins , néceffite la juftice d'où dépend , ou plutôt , qui renferme toutes les vertus ; oui, toutes les vertus , la bienfaifance elle-même.

Il eft évident que l'injuftice autorifée ne pourroit qu'être la diffolution de toute fociété. Toute affociation fuppofe donc des *droits* , des *devoirs* & une juftice exécutive. Si la *ville des fcélérats* , dont parle Pline * , & dans laquelle Philippe confina , dit-on , tous les méchans qu'il trouva dans fes Etats, a jamais exifté , leurs Loix furent juftes , leur police active & févere... Si cela n'eft pas , elle n'a pas fubfifté. La fociété ne néceffite donc pas la corruption de l'efpéce ,

---

* *Hift. L. IV. C. II.*

comme n'ont pas rougi de l'avancer quelques déclamateurs. Si la société nécessite au contraire une
harmonie de conduite, que l'on appelle *justice*,
l'homme, qu'un instinct irrésistible invite à la société, n'estpas un Etre méchant.

Je ne crois pas qu'on puisse rien objecter
sérieusement à ces principes simples & évidens ;
rien de sérieux, dis-je, car je n'ignore pas qu'on
peut contredire toutes les vérités, & j'abandonne
volontiers aux sophistes l'avantage de disputer
sur tout.

Transcurramus solertissimas nugas.

Je m'engage seulement à prouver dans tout
le cours de cet ouvrage, que l'homme social est
essentiellement & naturellement bon, qu'il ne
peut être heureux qu'en remplissant cette condition nécessaire de son être, & qu'il sera toujours juste & heureux quand on l'éclairera sur
ses véritables intérêts, qui sont toujours conformes à la justice, & relatifs à son bonheur.

J'établirai, en me renfermant dans mon objet,
qui est de peindre le Despotisme & ses dangers
& ses ravages, que les faits particuliers & sans
nombre que l'on pourroit avancer contre le principe que je viens d'établir, viennent tous à son
appui, lorsqu'on les considere sous leur vérita-

ble point de vue, en les rapprochant des caufes qui les ont produits.

En général toutes les paffions humaines peuvent être dirigées vers la juftice, ou réprimées & prefque détruites en confidération de la juftice. Il ne faut pour cela que favoir apprécier & calculer fes véritables intérêts.

Ces principes que je crois vrais, qui du moins ne fauroient être dangereux, & fur lefquels je reviendrai fouvent dans le cours de cet ouvrage, une fois pofés, je reviens au Defpotifme ; & je ne crains pas d'avouer :

Que le defir d'être Defpote eft auffi naturel à l'homme réuni en fociété, que la haine des *Defpotes* l'eft à celui que la fervitude n'a point dénaturé.

J'ai dit *réuni en fociété* ; en effet l'homme, dans l'état de nature, ne veut ni commander ni dépendre jufqu'au moment du befoin, qui n'eft qu'une fougue purement phyfique, nullement raifonnée, & auffi paffagere que violente; mais dans l'état focial, les idées s'étendent, les defirs s'aiguifent, les paffions fe développent, & celle de dominer eft l'une des premieres qui germent dans le cœur humain ; comme elle eft la plus rapide à s'accroître, c'eft la foif inextinguible de l'hydropique.

Voyez l'enfant au college : obfervez le même au berceau (1) ; vous reconnoîtrez déja les traces du fentiment que nos inftitutions nourriffent avec foin ; car la premiere éducation de l'homme femble également arrangée pour le difpofer à être efclave & tyran.

Suivez le citoyen dans fa domefticité , le colon du nouveau monde dans fon habitation ; vous verrez chacun de ces êtres luttans pour s'arroger une autorité defpotique fur d'autres individus. C'eft le vœu conftant de l'humanité.

Confidérez tous les peuples ; parcourez l'hiftoire : on n'y trouve guere que des noms de conquérans & de defpotes.

Les républiques, forte de confédération peut-être la plus defpotique de toutes , mais dont l'amour de la liberté & les vexations d'un pouvoir abufif donnerent fans doute la premiere idée ; les républiques maintiennent avec foin leur indépendance, augmentent avec ardeur leur puif-

---

(1) L'enfant à fix mois n'eft pas auffi machine que l'on penfe. Ses langes génent fa liberté : vous effuyez fes pleurs. Il vous importunera fans doute pour être obéi ; voilà la premiere leçon & le premier acte du Defpotifme.

fance , leurs richeffes & leurs forces , dans le feul objet d'affervir.

Les Romains , exaltés par l'efprit patriotique le plus étonnant , dont ils ont feuls donné l'exemple à ce degré de fuccès & d'activité , ravagerent & conquirent tout ce qu'ils connoiffoient des trois parties du monde alors découvert. (Les malheurs de l'autre hémifphere n'étoient que différés.) L'honneur de fubjuguer & de conquérir fut le feul objet de la politique , de la liberté , de l'émulation de ces républicains trop fameux *, que des barbares, plus philofophes que les hiftoriens , appelloient à fi jufte titre *les fléaux de l'Univers , brigands de toutes les terres, & pirates de toutes les mers. (1)*

Les Anglois , idolâtres de leur liberté , qu'ils ont acquife & défendue par les armes du fanatifme même , étendent fur l'Afie un fceptre de fer , & tyrannifent implacablement tout ce qui approche leurs poffeffions. Bientôt, pour

---

* *Les Bretons.*

(1) *Raptores orbis, poftquàm cuncta vafiantibus defuere terræ, & mare fcrutantur ; fi locuples hoftis eft, avari ; fi pauper, ambitiofi.*

(Tacit. vit. Agricol.)

échapper à la tyrannie, elles feront forcées de donner la loi à la Métropole, ou du moins de s'en féparer abfolument.

Les Hollandois, qui ont acheté leur indépendance par tant d'induftrie, de fageffe, de patience, d'opiniâtreté, oppriment les peuples que les mers les plus étendues fembloient protéger & mettre à l'abri de leur cupidité.

Qui ne connoît pas l'aftuce, la cruauté, les vexations des petites Républiques Italiennes, dont la politique eft le chef-d'œuvre de la tyrannie?

Un feul pays enfin offre à l'Europe l'exemple d'un gouvernement qui ne fe propofe d'autre objet que *liberté* & *profpérité*. Les Suiffes n'ont ufé de leurs forces que pour fecouer le joug, & pour recouvrer leur liberté naturelle. Leurs efforts n'ont nui qu'à des tyrans. Ce peuple refpectable, exempt d'ambition, affez puiffant pour fe repofer fur lui même du maintien de fa liberté, & pour fubftituer la franche probité aux rufes & aux tracafferies décorées du beau nom de *politique*, dans un fiecle où l'abus des mots forme une grande partie de l'art de raifonner; ce peuple, dis-je, a travaillé pendant deux cents ans avec la même conftance, la même modération & le même bonheur à confolider &

finir l'ouvrage d'une révolution opérée en quelques inftans. Il eft vraiment libre ; car il ne veut être que cela. Ses projets fages , juftes & modérés , puifqu'ils ne s'étendent pas plus loin que l'intérêt de fon indépendance , ne fourniffent ni occafions ni prétextes à fes voifins. On ne réduit point à l'efclavage celui qui dédaigne le Defpotifme. Les Suiffes commercent de foldats comme les Hollandois d'épiceries ; mais ils ont tous réellement une patrie , au fein de laquelle ils font fûrs de trouver *protection , tranquillité & liberté.* Leurs yeux *font fouillés* (1) du fpectacle de la fervitude de l'Europe ; mais ils en ont préfervé leur conftitution & leurs mœurs, Heureux , cent fois heureux , fi la difproportion des forces , & la rivalité des différens membres de cette belle affociation , agitée fans ceffe par des intrigues républicaines, ne renverfent pas bientôt l'édifice de leur liberté , ou ne troublent pas du

---

(1) Expreffion de Tacite, qui, dans la belle harangue de Galgaque à fes compatriotes Bretons , dit en vantant leur pofition :

 ,, *Nobiliffimi totius Britanniæ , eòque in ipfis penetrabilibus fiti , nec fervientium littora afpicientes , oculos quoque à contactu dominationis inviolatos habebamus.*

moins leur fage & paifible conftitution ! (1)

Tel eft & fut toujours l'Univers, couvert tour-à-tour de conquérans & d'efclaves ; car les conquérans, en forgeant les fers des malheureux qu'ils enchaînent, aiguifent ceux qui doivent les renverfer un jour.

Tel eft & fera toujours l'homme tour-à-tour *Defpote & afservi* ; car l'homme dénaturé par la fervitude, devient aifément le plus féroce des animaux, s'il échappe un inftant à l'oppreffion. Il n'eft qu'un pas du defpote à l'efclave, de l'efclave au defpote, & le fer le franchit aifément. Si tous les hommes aiment à dominer, ceux à qui la fociété déféra le premier rang doivent goûter bien plus vivement encore les plaifirs de l'autorité, & s'efforcer d'en reculer les bornes.

Ce n'eft donc pas l'abus du pouvoir qui me paroit inconcevable ; il eft dans la nature comme l'excès de toute autre paffion, & le premier afpect en eft fi féduifant, qu'on s'y livreroit avidement, fi la réflexion & l'expérience n'en décéloient pas les dangers.

Ne concluez pas de tout ceci, que ce foit

____

(1) On fait combien la Suiffe fe méfie du Canton de Berne.

une contradiction d'admettre tout à la fois que l'homme eſt *naturellement bon* , & cependant *enclin au Deſpotiſme*. Car la juſtice, ou la bonté, (ce ſont les mêmes vertus) conſiſte à donner un frein à ſes paſſions, à les ſubordonner au bien général , dans lequel ſe trouve toujours le bien réel & durable de l'individu ; mais elle ne conſiſte pas à ne point avoir de paſſions : dépouillement abſurde , impoſſible , & d'où s'enſuivroit l'anéantiſſement de toute moralité.

Il n'eſt aucune paſſion dont on ne puiſſe dire avec autant de raiſon, que de notre penchant au Deſpotiſme, que l'homme ne doit point l'avoir, s'il eſt naturellement bon. Nouvelle carriere de de ſophiſmes & de declamations, que j'abandonne très-volontiers aux rétheurs à prétention.

Ce penchant général à l'invaſion, une fois admis & reconnu, l'on ſent bientôt la néceſſité de s'oppoſer continuellement à la tyrannie qui nous menace ſans ceſſe , puiſque chacun de nous en a le germe dans ſon cœur ; *vetus ac jampridem inſita mortalibus potentiæ cupido* , dit Tacite, cet obſervateur ſi fin & ſi vrai du cœur humain. (1)

----

(1) *Natura mortalium avida imperii & præceps ad explendam animi cupidinem.* (Salluſt. hiſt. Jugur.)

On doit appercevoir encore dans une paffion auffi générale, auffi active, auffi induftrieufe, la néceffité d'être jufte ; car quel droit ai-je de repouffer l'oppreffion fi j'opprime ? Quel efpoir ai-je d'être tranquille, fi je donne l'exemple du trouble ?

Cependant quelques hommes font les fauteurs & les fatellites du Defpotifme. Il en eft peu qui apprécient fes ravages, & luttent contre fes progrès. On ne s'occupe ni d'éclairer ni de contenir les chefs des fociétés, & l'on ne penfe pas que l'autorité tutélaire, la feule légitime, la feule refpectable, la feule qui puiffe & qui doive fubfifter, parce qu'elle eft la feule néceffaire aux hommes, fe corrompt le plus fouvent par le propre exercice de fa puiffance, & devient d'autant plus aifément dangereufe, qu'elle infpire plus de confiance, & qu'on s'occupe moins de la refferrer.

Car enfin, tel eft l'homme ; il empiete fans ceffe. Les moraliftes ont répété dans tous les fiecles, que chacun fe fait juftice au fond de fon cœur. Je voudrois le croire ; mais je découvre à tous les pas le combat inégal de l'intérèt & de la confcience ; & cette confcience, au tribunal de laquelle on prétend que tous les

hommes reſſortiſſent, eſt le courtiſan le plus
adulateur des paſſions humaines, très-équitable
d'ailleurs, lorſqu'elle apprécie des actions qui
n'intéreſſent pas ces paſſions.

Voilà, pour le dire en paſſant, pourquoi
l'adminiſtrateur & l'inſtructeur influent ſi différemment ſur les hommes & les ſociétés.

L'inſtruction eſt toujours vague & générale,
& n'attaque perſonne dans ſon intérèt perſonnel;
or les hommes, qui ſont frippons en détail,
ſont cependant honnètes, pris en maſſe, dit
M. de Monteſquieu, & chaque homme ſe ré-
ſervant tacitement le droit de s'approprier le
plus de bien, d'aiſances, de commodités &
d'avantages qu'il lui ſera poſſible, approuve
celui qui lui recommande le bien de tous.

L'action eſt différente; il faut compter avec
celui qui agit. Dès lors il faudroit renoncer à
ſes avantages uſurpés; c'eſt ce que perſonne
ne veut faire.

Ajoutez que l'inſtructeur répand beaucoup
d'idées qui fructifieront dans les tems à venir,
& que l'adminiſtrateur n'a le plus ſouvent d'influence que pendant ſon action. C'eſt préciſément dans cet inſtant qu'il ne trouve preſque
jamais qu'une foibleſſe lâche & pareſſeuſe dans

ceux

ceux qui voudroient le bien, tandis que ceux qui veulent le mal lui oppofent une force prodigieufe, parce qu'il opere leur avantage immédiat & particulier.

Revenons, & convenons que le defir de la fupériorité eft la paffion la plus active du cœur humain. Ajoutons qu'il eft impoffible à l'homme, qu'un grand intérèt ne modérera pas, de ne pas fe prévaloir de fa fupériorité.

Le defir d'abaiffer les autres tient donc inféparablement à celui de s'élever. Ces deux paffions combinées produifent la *tyrannie* & *l'efclavage.*

Beaueoup d'hommes ont écrit fur l'efclavage ; tous en parlent ; car tel dans notre Europe eft efclave, qui certainement ne s'en doute pas. Tous l'ont appellé l'ALIE'NATION DE LA LIBERTE' (1), fans avoir fixé l'idée de ce mot LIBERTE', autrement que par un galimatias confus & inintelligible.

Cette définition de l'Efclavage me paroit auffi dangereufe qu'elle eft fauffe ; car elle fuppofe qu'il eft permis à l'homme *d'aliéner fa liberté.*

____

(1) Ou du moins toutes leurs définitions reviennent à celle-là.

C

Je n'envifagerai point cette difcuffion fous
le point de vue moral , comme l'a fait M. Rouffeau de Geneve. Ce feroit un tems perdu que
de l'entreprendre après un pareil Ecrivain , &
je penfe d'ailleurs que cette peine feroit inuti-
lement employée.

C'eft affez pour trancher toute queftion à cet
égard , d'établir que l'*aliénation de fa liberté*,
ou , pour parler plus exactement, *le don de fa propriété perfonnelle* eft impoffible ; & cette propofition eft évidente.

Dites au Defpote qui prétend être né maître
abfolu des efclaves qu'il opprime & foule à fon
gré , de s'approprier leurs plaifirs , leurs peines ,
leurs fenfations , leurs forces , toutes les facultés enfin qui compofent la *propriété perfonnelle* ;
il vous répondra peut-être par un bourreau ;
c'eft l'unique raifon des tyrans. Déplorons fon
aveuglement ; dételtons fes principes ; mais ne
nous laiffons jamais perfuader par la violence.
Il eft auffi honteux de fe laiffer fubjuguer par
elle , qu'il eft odieux de l'exercer.

L'homme ne fauroit franchir les bornes dans
lefquelles la fage Nature l'a circonfcrit. Nul individu ne fauroit s'approprier un autre individu,
que fous des *conditions phyfiques obligatoires*. J'ai
mon exiftence au même titre que celui qui veut

en uſer pour ſon avantage. Il n'a donc pas plus de droits ſur moi, ſur mon travail, ou ce qui revient au même, ſur mes *propriétés*, que je n'en ai ſur lui; & nous ne pouvons jamais qu'*échanger nos facultés*; nous ne ſaurions *engager notre exiſtence*; par la raiſon très - ſimple & très - concluante qu'il nous eſt impoſſible d'en changer avec qui que ce ſoit.

Les ordonnances des Rois de France * qui preſcrivent les affranchiſſemens, *ſous des conditions juſtes & modérées*, ſont la preuve la plus authentique & la plus humiliante du degré de barbarie, de déraiſon & d'ignorance, auquel les hommes puiſſent atteindre.

Ces bienfaiteurs du XIVᵉ. ſiecle croyoient faire grace à la plus grande partie des hommes, (car dans tous les pays les ESCLAVES ou VILLAINS furent la claſſe la plus nombreuſe) en leur accordant la faculté de vivre & de reſpirer pour eux. Ils imaginoient que l'homme pouvoit être rangé ſous un eſclavage légitime, puiſqu'ils preſcrivoient les conditions *douces & modérées*, ſous leſquelles leurs ſujets pourroient recouvrer leur liberté. Remarquez cependant qu'accorder

---

* *Louis IX. & ſon frere Philippe*, 1318.

les affranchiffemens fous des conditions quelcon-
ques, c'étoit *modifier* l'efclavage, & non pas le
détruire. Remarquez encore que cet acte de législation, fublime pour ces fiecles fauvages, s'il
n'eût été plutôt dicté par la politique qu'infpiré
par l'humanité, n'étoit guere motivé que par un
jeu de mots. „ Leur Royaume étant appellé le
„ Royaume des Francs, ils vouloient qu'il le
„ fût en réalité comme de nom. ”

Si nous ne pouvons pas difpofer de notre liberté, à plus forte raifon ne faurions nous engager celle de nos defcendans, dont la propriété
perfonnelle n'eft pas & ne fauroit jamais être à
nous. C'eft encore un axiome, dont la démonf-
tration eft inutile, & qu'il eft impoffible de con-
tefter de bonne foi.

L'acte de foumiffion, ou plutôt de *fervage*,
connu fous le nom d'*obnoxiatio*, par lequel beaucoup d'hommes en Europe fe rangeoient volon-
tairement à la fervitude eux & leurs enfans :
celui par lequel beaucoup d'autres, enivrés de
fuperftitions, fe vouoient eux & leur race à la
condition d'*efclaves*, ou *ferfs volontaires des égli-
fes*, * font le monument prefque incroyable du

---

* *Les oblats, oblati.*

délire le plus inique , le plus révoltant & le plus abſurde que les faſtes de l'humanité nous aient tranſmis.

L'enchaînement des idées m'a conduit à cette grande vérité , que je pourrois démontrer par l'hiſtoire de tous les âges & de tous les pays : *les hommes forgerent leurs chaînes en établiſſans leurs législations* : mais l'énonciation de ce principe exige, pour ſauver toute équivoque, une diſcuſſion ſur l'établiſſement des ſociétés.

J'oſe eſpérer que tout homme de bonne foi, qui aura lu avec attention ce qui a précédé, ne me ſoupçonnera pas de déclamer contre elles, & voudra bien m'accorder la juſte appréciation des mots que j'emploie. Voici mes principes à cet égard : je demande qu'on les médite. Je ne ſais être clair que pour les gens attentifs.

Certains déclamateurs ont vanté la douce volupté d'habiter au fonds des bois, & d'y recueillir avec peine la ſubſiſtance précaire & ſpontanée de la chaſſe , de la pêche , & du gland. Ils ont ſoutenu que l'homme a ſubi le joug en ſe réduiſant en ſociété. Cette idée de quelques modernes eſt renouvellée des Anciens Germains (1).

---

(1) Tacite (*hiſt. l.* 4.) dit expreſſément que les

On n'auroit pas foupçonné que leurs opinions philofophiques fiffent des fectaires dans le XVIIIe. fiecle.

D'autres Auteurs ont été plus loin encore. L'un de nos contemporains * à qui je reconnois le plus de droiture de cœur & de force de génie ; le plus élégant des écrivains François, fans nulle exception, & peut-être auffi le plus éloquent, s'eft, à mon avis, étrangement trompé quand il a dit, que l'homme *dans l'état de nature répugnoit à la fociété*, ou, ce qui revient au même, *que la nature n'avoit pas defliné l'homme à la fociété.* †

La fociété eft l'état naturel de l'homme, comme celui de la fourmi & de l'abeille ; état fondé fur fa fenfibilité, fur fa bienfaifance, fur fon amour de la liberté, fur la haine des privations, fur l'expérience de l'utilité des fecours récipro-

---

Germains regardoient l'habitation des villes comme une marque de fervitude, & qu'ils exigeoient de ceux de leurs compatriotes qui avoient fecoué le joug, de démolir les villes romaines. *Les animaux même les plus féroces, difoient-ils, perdent leur ardeur & leur courage lorfqu'ils font enfermés.*

* M. Rouffeau de Geneve.

† Difc. fur l'inég. des condit. parmi les hom. fur-tout la I. partie.

ques, fur la crainte de l'oppreſſion, ou, en d'autres mots, du DESPOTISME.

Quand on nieroit ces vérités de ſentiment,
je ſoutiendrois toujours que la durée de l'enfance humaine néceſſite une ſociété, indépendamment de l'inſtinct d'aſſociation, commun à preſque tous les êtres organiſés. L'homme, qui,
dans aucun tems de ſa courte durée, ne peut
preſque rien ſeul, eſt le plus dépendant des animaux pendant les douze premieres années de ſa
vie. Il périroit certainement dans cet intervalle
d'impuiſſance & de foibleſſe, ſans les ſoins de
ſa mere, & la commiſération de ſon pere. Comment celui * qui a prouvé ſi bien & ſi ſouvent
que l'homme naiſſoit bon, peut-il croire qu'un
être humain atteindra cet âge ſans connoître
ceux à qui il doit & la vie & la conſervation, &
qui probablement exigeront de lui des ſecours
auxquels ils ont de ſi juſtes droits? Car les
hommes n'accordent rien pour rien. Comment
cet être doué d'organes ſenſibles oubliera-t-il
totalement ſes bienfaiteurs? Comment aux approches de la vieilleſſe, qui, chez les premiers
humains fût peut-être plus tardive, mais qui

____

* *M. Rouſſeau.*

diminua cependant comme aujourd'hui les facultés , affoiblit les fens , &c. comment , aux
approches de la vieilleffe de fes parens , le jeune
fauvage ne fentira-t-il pas qu'il a une dette à
payer (1). Cette *apathie machinale* qui ne feroit
troublée que par les fenfations directes & perfonnelles de l'individu , femble contrarier abfolument le cœur humain , celui même dont on fuppofe la fenfibilité la moins développée.

Si je m'abufe , en jugeant , fans m'en appercevoir , de l'état de nature , par les notions fociales dont je fuis imbu , au moins ce fentiment d'union , de fenfibilité , de reconnoiffance
que vous attribuez à la civilifation , eft-il préférable à l'indifférence , ou plutôt au parfait oubli
des bienfaits que vous fuppofez dans la nature.
Ne doit-on pas en conclure que l'état de fociété vaut mieux pour l'homme , qu'il eft le plus
digne emploi , comme le plus heureux réfultat
de fa perfectibilité ?

L'on aura beau fubtilifer. Il eft impoffible de

---

(1) Je fais tout ce que les voyageurs ont raconté de
la maniere dont certains Sauvages fauvent leurs pares
de la caducité ; mais je fais auffi quelle créance méritent les voyageurs , fur-tout quand ils contredifent évidemment la nature.

révoquer en doute l'exiftence d'une fociété néceffaire, née d'abord au fein des familles, for-
mée enfuite par la réunion de ces familles. Suivez la gradation des liens domeftiques dans
leurs différentes branches, & la fucceffion rapide des befoins de l'homme, vous concevrez
la formation d'une fociété immenfe, & vous
direz bientôt avec un Auteur * vraiment méthodique & lucide, „ que le problème le plus
„ difficile à réfoudre feroit d'expliquer com-
„ ment les hommes, vu la conftitution phyfi-
„ que & morale des deux fexes dans l'âge viril,
„ dans l'enfance & dans la vieilleffe, pourroient
„ vivre long-tems dans l'état de fimple multi-
„ tude, fans aggrégations fociales. ”

J'ofe croire que je renverferois facilement
ici, fi c'en étoit la place, tous les exemples &
les objections dont M. Rouffeau s'eft fervi pour
combattre avec tout l'art & l'efprit poffible ce
fyftème, qui tient invinciblement à la longue
débilité de l'enfance de l'homme, aux premiers & aux plus puiffans fentimens du cœur
humain.

Mais ce feroit un retour fi humiliant fur foi-

---

* L'Aut. des vrais princ. du droit nat.

même que la conviction la plus évidente d'avoir
eu raifon avec fes maîtres, que je fuis très-éloigné
de porter aucune forte de préfomption ou d'opiniâtreté dans cette difcuffion , qui ne renfeme
d'ailleurs , felon moi , qu'une difcuffion oifeufe
& tout-à-fait inutile.

En effet, que l'homme dans l'état de nature,
répugne ou ne répugne point la fociété ; celle-ci
n'en exifte pas moins , & tous les livres poffi-
bles ne parviendront pas à la diffoudre. Il vaut
donc mieux s'efforcer de l'éclairer, que lui montrer qu'elle a tort d'exifter.

M. Rouffeau , vivement affecté de la corruption des villes , prétend que les inftitutions ont
dégénéré de l'état de nature , & rendent les hommes plus malheureux.

Si nous embraffons cette opinion , tâchons
de découvrir des remedes ou dumoins des pallia-
tifs à nos maux. Cette recherche eft plus utile
& plus agréable à faire que la fatyre des hommes & de leurs fociétés. Séneque ne nous a pas
appris une vérité bien intéreffante , quand il a
dit „ que la nature a départi à chacun fa mifere
„ comme un art qu'il doit étudier. " (1) C'eft

____

(1) *Sua cuique calamitas tanquam ars affignatur.*

la fcience des confolations qui intéreffe les hommes.

Si, comme le plus grand nombre croit l'éprouver & le fentir, notre condition eft préférable
à celle des Caraïbes, craignons de décliner, &
fur-tout étayons de principes la confervation des
droits de l'homme, qui n'habitera probablement
plus les forêts, quand la nature produiroit un
nouveau Timon auffi éloquent que M. Rouffeau,
pour le convertir à ce trifte genre de vie

Pour moi, je ne faurois me perfuader que
l'homme ait fait un mauvais marché quand il
s'eft rapproché de fes femblables, lui qui fe
trouve réduit à ne fatisfaire que fes befoins les
plus indifpenfables, & qui eft incapable de fe
procurer les moindres jouiffances quand il ne
peut employer que fes propres facultés. L'on n'a
pas trouvé dans tout le monde connu une race
d'hommes, fans une forte de fociété. Pourquoi
d'un pole à l'autre, l'efpece humaine auroit-
elle embraffé un genre de vie contraire à fa
nature?

non feulement l'homme femble fait pour la
fociété, mais on peut dire qu'il n'eft vraiment
homme, c'eft à-dire un être réfléchiffant & fenfible, que lorfqu'elle commence à s'organifer;

car tant qu'il ne forme avec fes femblables qu'une affociation momentanée , il eft encore féroce , dévaftateur, & n'a guere que des idées de carnage, de bravoure , d'indépendance & de fpoliations. C'eft une vérité démontrée par l'hiftoire de toutes les incurfions des hordes juftement furnommées *Barbares* , qui n'étoient qu'un ramaffis d'hommes affociés par leurs communs befoins , auxquels leur patrie inculte ne pouvoit fuffire ; réunis par inftinct , dépourvus de principes & de Loix ; car elles ne fe forment & ne s'établiffent qu'en réfléchiffant fur cet inftinct, qui, d'abord exclufif pour telle ou telle tribu , parvient enfin à découvrir le refpect inviolable dû aux droits de tous.

Soutenir que chaque individu a fait des pertes précieufes en fe réuniffant à d'autres individus , c'eft faire à-peu près le même raifonnement que celui qui diroit : „ l'homme qui peut faire des „ avances de culture pour exploiter le fol où la „ nature l'a placé , eft plus pauvre que celui qui „ ne le peut pas , parce qu'il fait cette dépenfe de „ plus. " L'avance qui reproduit eft-elle donc une dépenfe ?

Mais la comparaifon n'eft pas exacte, car les hommes n'ont rien voulu ni dû facrifier en fe

réuniffant en fociété ; ils ont voulu & dû étendre leurs jouiffances & l'ufage de la liberté ,
par les fecours & la garantie réciproques. Voilà
le motif de la fubordination qu'ils rendent à
l'autorité fouveraine , à qui le peuple a confié fa
défenfe & fa police. Les hommes confervent dans
la fociété bien ordonnée toute l'étendue de leurs
droits naturels , & acquierent une beaucoup plus
grande faculté d'ufer de ces droits. Tout ce qui
leur étoit permis dans l'état primitif leur eft encore permis : tout ce qui leur étoit défendu
leur eft eucore défendu ; & ce *tout* fe réduit à
garder & multiplier fes propriétés , & à refpecter celles d'autrui. La feule différence entre l'état
primitif & l'état focial , c'eft que plus la fociété
eft complete & plus chacun a de propriétés.

Telle eft l'idée que je me forme de cette union
appellée *fociété* , que le penchant général de l'humanité, autant que fes befoins , a établie fur toute
l'étendue de ce globe.

Tout autre fyftème , j'ofe le dire , eft moins
conféquent, moins vraifemblable , moins avantageux à l'humanité.

En effet, l'on fent qu'il eft facile d'affeoir fur
cette bafe les *droits* de tous les hommes , & con-
féquemment les *devoirs* relatifs des *Souverains* &
des *peuples*.

Mais fi vous admettez que la société eft un état contre nature , *væ victis*; malheur à ceux qui ont , fubi la loi du plus fort. Les tyrans font tyrans parce qu'ils le font devenus : pourquoi l'homme fortoit-il de fes forêts ?

„ Qu'importe ? m'allez-vous répondre : vous „ crierez de même au Defpote , le jour où il fera „ renverfé , *væ victis.* "

J'entends ; mais pourquoi faire circuler parmi les hommes le droit du plus fort ? C'eft un code bien trifte & bien dangereux. L'inftruction, cette arme plus douce , plus puiffante même avec le tems , fuffira à l'organifation des fociétés, & la préfervera des convulfions de la violence.

La Nature qui condamna, ou plutôt qui, dans fa bienfaifance , voua l'homme au travail , a voulu que, pour fon plus grand avantage, il aidât fes femblables & fût aidé par eux. C'eft elle qui a dicté cette Loi chinoife fi fage & fi belle , & qui renferme tous les premiers principes fociaux. „ Celui qui laiffera une année fans „ cultiver fon champ, perdra fon droit de pro- „ priété. "

La Nature eft une parfaite législatrice ou plutôt elle eft la feule , & je n'ai prétendu parler que des inftitutions humaines , quand j'ai avancé

qu'elles étoient la bafe de la tyrannie, & le berceau de la fervitude.

C'eft en comparant ces inftitutions à la Loi
NATURELLE, à cette loi obligatoire pour tous,
ineffaçable malgré les préjugés délirans de l'humanité, imprefcriptible, quelque contradiction
qu'elle rencontre dans les législations humaines,
qui ne font cependant fondées que fur elle; c'eft
en les comparant, dis-je, à cette Loi fimple, une &
fublime, que nous démontrerions l'infuffifance,
la défectuofité & les dangers de nos codes lé-
gislatifs.

Cet important théorème politique eft plus
facile à fentir qu'à développer. Je n'entreprendrai pas aujourd'hui cet ouvrage qui fera dans
tous les tems trop au-deffus de mes forces.

Je remarquerai feulement, relativement à l'exiftence d'une législation naturelle que l'on a voulu
révoquer en doute; (car quelle vérité les hommes n'ont-ils pas niée? quelle erreur n'ont-ils
pas affurée?) je remarquerai, dis-je, qu'il feroit bien étonnant que, dans l'immenfe chaîne
des Etres, où tout eft affujetti à des loix diftinc-
tes, fixes & immuables, l'homme échappât feul à
cette volonté néceffaire de l'Auteur de la nature,
qui, pour me fervir des expreffions d'un beau

génie , * *obéit toujours à ce qu'il commanda une fois.*
„ C'eut été envain qu'Amphion & Orphée au-
„ roient accordé leurs lyres , s'il n'y avoit point
„ eu d'unisson correspondant dans la constitution
„ humaine. " †

Loin de rechercher & de développer cette Loi
naturelle , aussi essentiellement existente que le
soleil qui nous éclaire, & qui féconde le globe
que nous habitons , les Législateurs, semblables à
ces hommes qui adoroient les ouvrages de leurs
mains, ont osé croire qu'il é·oit en leur pouvoir de créer des Loix pour l'homme... Que n'en-
treprenoient-ils aussi de reculer ou d'avancer à
leur gré les saisons !

Ainsi la nature & les institutions humaines ,
les passions & les législations se sont heurtées ;
les contradictions se sont amoncelées ; les codes
se sont multipliés , & la connoissance des loix
positives est devenue pour les peuples policés
une science immense ; leur étude est plus fati-
gante pour la mémoire que pour l'entende-
ment.

Tel sont les ouvrages de l'homme ; ils portent
l'empreinte

---

* *Le Cardinal de Retz.*
† *Milord Bolingbroke.*

l'empreinte de la mobilité de fon efprit plus fubtil, plus actif à prévoir & multiplier les exceptions, que propre à faifir des principes généraux, à obferver & méditer la Nature, plus induftrieux en un mot à exercer fon *imagination* qu'à fe fervir de fa *raifon*.

Cette diftinction eft jufte. *L'imagination* & la *raifon*, ces deux facultés de l'homme les plus précieufes & les plus utiles, & dont les philofophes ont fi différemment évalué le mérite & affigné le rang, l'imagination & la raifon varient autant dans leurs propriétés que dans leurs ufages.

Réfléchir, méditer fur nos fenfations & nos connoiffances, & les appliquer fur les objets de nos recherches, c'eft ce que j'appelle *exercer fa raifon*; elle eft *un outil de calcul*, fi j'ofe m'exprimer ainfi; mais *l'imagination*, mere de la métaphyfique, eft fouvent auffi celle de l'erreur.

Je fais qu'il faut convenir de l'idée qu'on attache à ce mot *métaphyfique*. Les philofophes dignes de porter ce nom de *philofophes*, c'eft-à-dire, les hommes inftruits & dialecticiens (1)

____

(1) Bien entendu qu'ils foient de *bonne foi*; car fans bonne foi, il n'exifte point d'*honnêteté*, & fans honnê-

ont une métaphylique profonde, mais remplie de clarté, méthodique, analytique, qu'ils doivent à de vaîtes connoiffances, à de longues méditations, à des obfervations affidues. Il n'eft point de vérité & de connoiffance qu'on ait découverte, étendue, dévoloppée fans cette métaphyfique; ou plutôt, il n'eft point de fcience humaine qui n'ait une métaphyfique de cette forte.

Les fophiftes appellent leurs fubtilités tortueufes, énigmatiques, & le plus fouvent puériles, la *métaphyfique*. Il eft bien peu d'erreurs morales & politiques que n'ait enfantées cette fcience futile & illufoire, qui s'eft introduite de nos jours dans prefque toutes les connoiffances

L'imagination eft, pour ainfi dire, le joujou de l'humanité. „ Les facultés de l'imagination, „ dit Robertfon *, ont deja acquis de la vigueur, „ avant que celles de l'efprit foient exercées fur „ les matieres abftraites & fpéculatives. Les

---

tet', la philofophie eft un mot vague, & le Philofophe un *charlatan*. C'eft, felon moi, le plus méprifable, comme le plus ridicule de tous les métiers, de *vendre* ou *louer* des paroles, pour me fervir de l'expreffiou de Martial.

* *Introduct. à l'hift. de Charles-Quint.*

„ hommes font poëtes avant que d'ètre philofo-
„ phes : ils fentent vivement & favent peindre
„ avec force, lors même qu'ils n'ont fait encore
„ que peu de progrès dans le raifonnement ; le
„ fiecle d'Homere & d'Héfiode précéda beaucoup
„ celui de Thalès & de Socrate. "

Ces réflexions ne font point étrangeres ici ;
elles peuvent aider à réfoudre ce problème fingulier : pourquoi les législations, ce premier befoin
de l'humanité, dont la Nature elle même a tracé
le plan, font elles fi défectueufes, & moins avan-
cées que tout autre ouvrage de l'efprit humain ?

Les hommes facrifient fans ceffe à l'imagina-
gination, parce qu'elle les féduit plus fûrement,
parce qu'elle flatte leur amour-propre plus que
la marche lente & calculée de la froide raifon ;
parce que l'exercice de celle-ci, appliquée à la
méditation, eft plus pénible & à la portée de moins
d'hommes, que les jeux de celle-là. Notre orgueil,
auffi adroit qu'infatiable, nous fera préférer toujours & de beaucoup ce que nos talens peuvent
atteindre, à ce qu'ils ne fauroient embraffer. Le
poëte méprife le géometre, le géometre dédaigne
le poëte. „ Les philofophes, dit Bolingbroke, ont
„ trouvé qu'il étoit plus aifé d'imaginer que de
„ découvrir, de conjecturer que de connoître ;

„ ils ont donc pris cette voie pour acquérir
„ de la réputation , celle-ci leur étant pour le
„ moins auffi chere que la vérité , & plufieurs
„ ont admis une vaine hypothefe pour un fyf-
„ tème réel. " C'eft-là la marche de tous les char-
latans ; ce n'eft pas celle de l'homme de génie ,
de l'homme profond. (1)

Mais les hommes profonds font & feront en
petit nombre dans tous les fiecles. Auffi les obfervateurs font-ils plus rares que les gens d'efprit; parce que l'imagination feule fait un homme
d'efprit , tandis que le génie, éclairé par des connoiffances , & guidé par une raifon faine &
exercée , fuffit à peine aux obfervateurs.

Suivez cette gradation ; & peut-être ne trou-
verez-vous pas un homme capable d'être Législateur , c'eft-à-dire , d'étendre & de réunir les di-
verfes applications de la Loi naturelle , parmi des
milliers de politiques déliés.

C'eft pour les hommes médiocres, ou du moins
incomplets , qu'on a établi la diftinction *d'efprit*

---

(1) *Hippothefes non fingo* , dit Newton , en avouant
qu'il n'a pas pu déduire des phénomenes la raifon des
propriétés de la pefanteur.

& de *génie*. Ce font les deux parties du même tout ; mais où trouver ce tout raffemblé ?

Si par hazard on le rencontre , il faut encore que ce favori de la Nature applique fes talens & fes forces fur un tel objet, & fur-tout qu'il étudie la Nature plutôt que de fe livrer à fon génie ; tentation très féduifante & trop dangereufe.

En un mot la fcience du droit naturel , feule entre toutes les connoiffances humaines , encore obfcurcie des ténebres de nos fiecles de barbarie, eft à peine à fon berceau. Nous avons vu mourir de nos jours l'homme juftement célebre & vraiment refpectable *, qui a fait entrevoir le premier à la nation , que l'art de gouverner les hommes & de les rendre heureux en valoit bien un autre.

Prefque tous les auteurs, ou plutôt les reftaurateurs de nos législations, ont beaucoup imaginé & peu médité. Ils ont travaillé fans enfemble, faute d'un premier principe; ils fe font contredits, faute de méthode. Ils ont donné une nouvelle folution à chaque difficulté nouvelle qui s'eft pré-

-----

* *Montefquieu.*

fentée: l'édifice affis fur le fable mouvant eft devenu d'autant moins folide qu'il s'eft plus élevé : les
loix ont contredit les loix : nous en devons une
grande partie à des tems obfcurs où la fuperftition , l'ignorance & la fureur belliqueufe fe difputoient à l'envi l'efprit humain. Envain a-t-on
voulu redonner quelque enfemble à ces compi-
lations informes. On manquoit de *principes* ; &
tout , en ce genre, porte fur les principes les plus
fimples , les plus évidens & les plus invariables.
Il a été bientôt facile d'éluder la plus grande
partie d'un code immenfe, de fe prévaloir de
l'autre ; & ce code eft devenu le gage d'impunité
des brigands de la fociété ; c'eft à la corruption
des mœurs que le pénétrant & profond Tacite
attribuoit la multiplicité des Loix Romaines ; &
c'eft à leur nombre infini qu'il rapportoit l'origine de toutes les diffentions de la république ,
& les fuccès des factieux (1) qui l'affervirent à

------

(1) Si vous en voulez la preuve, cherchez dans le
troifieme livre de fes annales cette belle digreffion fur
les loix, qui commence par ces mots. (Elzew. 1640.
p. 110,) *ea res admonet ut de principiis juris*, &c.
jufqu'à ceux-ci (p. 111.) *fed altiùs penetrabant*, &c. On
y trouve ces propres mots : *jamque non modò in commune , fed in fingulos homines latæ quæftiones ; & cor-
ruptiffima republ. plurimæ leges.*

la fin. Pour peu qu'on y réfléchisse, en effet on sentira que c'est servir le Despotisme que de multiplier les loix ; *car il y a*, dit très-bien Montaigne, *autant de liberté & d'étendue à l'interprétation des Loix qu'à leur façon.* Au milieu de tant *d'interprétations*, sans doute, on peut choisir arbitrairement, & toute volonté arbitraire peut trouver une raison ou un prétexte dans ce dédale immense. Sortons des rêves métaphysiques, qui n'ont guere d'autre réalité que leurs inutiles subtilités : abandonnons les spéculations politiques soumises aux caprices des circonstances ; l'homme n'est pas fait pour être ainsi baloté ; & la Nature nous destina sans doute des Loix plus sûres & moins mobiles. Elle n'a point fait de systèmes particuliers ; les droits de tous les hommes & de toutes les nations sont les mèmes, aussi-bien que leurs devoirs.

Tout le bien de la société doit naitre de l'ordre de cette société. Bornons là notre objet & nos recherches. Ne regardons, en fait de morale, qu'autour de nous ; ne la séparons jamais de l'ordre physique. Le vol de l'homme est resserré dans des limites étroites. S'il s'éleve trop, il perd ses ailes ; c'est la fable d'Icare, plus philosophique que l'on ne croit communément.

L'un des plus grands hommes, dont la France se glo ifie *, s'eſt envain efforcé de ramener la ſcience du gouvernement à des diſcuſſions morales, & à des diſtinctions métaphyſiques. Mr. Dalembert eſt tombé dans un inconvenient à-peu-près pareil, lorſque dans ſes élémens de philoſophie † il diſtingue *une morale de l'homme*, *une morale des légiſlateurs*, *une morale des états*, *une morale du citoyen*. Ou je n'entends pas ces mots, ou ils ſont autant de *pléonaſmes*. A ces *quatre branches de la morale* il en joint une cinquieme, qu'il appelle *la morale du philoſophe*. C'eſt un étrange ètre qu'un philoſophe, ſi ſa morale eſt différente & diſtincte de celle de *l'homme* ou du *citoyen*.

Les devoirs de tous conſiſtent dans l'accompliſſement de la Loi. La loi, c'eſt-à-dire *l'ordre* eſt tout fondé ſur les ſenſations & les beſoins phyſiques de l'homme, à qui la Nature accorda autant de facultés pour jouir, qu'elle lui permit de jouiſſances ; c'eſt donc au ſein de ces jouiſſances, c'eſt dans leur diſtribution, leur arrangement, leur reproduction, qu'il faut chercher le code *ſocial*.

---

* *Monteſquieu.*
† *Diviſion de la morale*, n°. *VIII.*

Je dis *social*, & je me fers d'un mot dangereux dans la dicuffion, par la multiplicité des
idées vagues qu'on s'eft formées à fon occafion.
On a vu mes principes à cet égard ; & fi l'on
eût au mot *focial* fubftitué celui de *naturel*, on
eût apperçu plutôt, que fi l'homme, par fa conftitution, naît avec des dépendances néceffaires,
nœud effentiel de la fociété, cette fociété doit donner le plus de liberté poffible aux individus qui la
compofent, en étendant la maffe de leurs propriétés, & multipliant leurs jouiffances. Sans cette *Loi*
plus de confiftance, plus d'enfemble, ou, pour tout
dire en un mot, plus de fociété ; car la formation de celle-ci n'eft que l'extenfion des relations primitives, & non leur abolition. Or les
premieres relations naturelles font d'aider & de
faire du bien, pour en recevoir & être aidé.

Je l'ai déja dit : je ne prétends pas reprendre
en détail aucune des législations connues ; ce
feroit tracer l'hiftoire du Defpotifme, ouvrage
peut-être le plus beau qui foit à faire aujour-
d'hui, mais immenfe & d'une exécution très-
difficile ; c'eft autre chofe de fuivre la marche
du Defpotifme & d'en développer les manœuvres
& les rufes, ou de tracer fes ravages, & de
s'élever contre fes progrès. Beaucoup d'hiftoriens

pouvoient peindre les regnes affreux des Néron & des Caligula. Tacite feul a fu démêler
Tibere.

J'entreprendrai bien moins encore d'indiquer
une législation univerfelle; c'eft-à-dire, de développer celle de la Nature, occupation digne
d'exercer les forces du plus beau & du plus
vafte génie; mais d'une exécution prefque im-
praticable, vu les inftitutions adoptées parmi
les hommes, les préjugés des efclaves, les intérêts des maîtres.

Je n'ai voulu que raffembler ici des réflexions
générales fur le Defpotifme, ouvrage plus
proportionné à ma médiocrité; car l'indignation donne du coloris. „ Les ignorans mêmes,
„ dit Quintilien, quand une paffion violente
„ les agite, ne cherchent point ce qu'ils ont
„ à dire. C'eft l'ame feule qui nous rend élo-
„ quens, dit-il encore. " Mon ame eft honnête, & fortement émue des vérités que j'ofe
écrire. Puiffent fes infpirations me donner le
pouvoir d'entraîner & de perfuader !

Les premiers principes que je viens d'expo-
fer, & que j'ai refferrés le plus qu'il m'a été
poffible, (car la féchereffe nuit à la vérité)
étoient néceffaires pour entendre ce qu'on va

lire : je me livrerai déſormais à mes idées , telles quelles ſe préſenteront à mon imagination. Pour me ſuivre, il faut ſentir auſſi fortement que moi ; je le crois ; mais ſi j'ai dit la vérité , pourquoi ma véhémence à l'exprimer diminueroit-elle de ſon prix ?

Je prétends prouver que le Deſpotiſme eſt dans les Souverains l'amour des jouiſſances , peu éclairé, & par conséquent que la ſoumiſſion au Deſpotiſme eſt dans les peuples l'ignorance ou l'oubli de leurs droits. Inſtruiſez les Rois & les ſujets, & le Deſpotiſme eſt coupé par le pied.

L'homme, je le répete, eſt un animal bon & juſte qui veut jouir. Le Deſpotiſme ne peut être admis par lui, ni ſouffert par lui, dès qu'il eſt ſuffiſamment inſtruit, attendu que le Deſpotiſme n'eſt ni bon ni juſte ; qu'il n'augmente pas les jouiſſances des Princes, qu'il diminue leur puiſſance, qu'il détruit les jouiſſances des citoyens, & qu'il attente à la ſûreté de tous.

Tous les peuples que j'ai cités, en commençant cet ouvrage, tous ceux qu'on pourroit leur joindre, tous ceux en un mot qui ſeront jamais conquérans ou Deſpotes, étoient, ſont & ſeront des ignorans. Ceux qui l'ont ſouffert ou le ſouffriront furent & ſont d'autres ignorans.

Tous les actes de Defpotifme ne font que des combats dans l'obfcurité , entre gens qui cependant craignent les coups ; car l'homme tend au bonheur, & ne veut qu'ètre tranquille. Apportez la lumiere & vous les verrez tous en paix.

Cette lumiere, à l'approche de laquelle les diffentions civiles, les crimes fociaux, les attentats publics, les préjugés, le fanatifme s'anéantiront toujours, eft la feule barriere que l'on doive élever contre toutes les erreurs, tous les brigandages politiques & les maux de la fociété.

L'inftruction & la liberté font les bafes de toute harmonie fociale, & de toute profpérité humaine ; j'aurois pu dire feulement *l'inftruction* ; car la liberté en depend très-abfolument ; puifque l'inftruction univerfelle eft l'ennemi le plus inexpugnable des Defpotes ; ou plutê. , à l'époque de cette univerfalité de lumieres , le Defpotifme deviendra un ètre de raifon, impoffible à réalifer , ce qui vaut bien mieux encore ; car il feroit abfurde & cruel de bleffer les hommes fous le prétexte d'une guérifon infaillible.

Il eft évident, & l'on ne fauroit trop fe le perfuader , que *l'inftruction générale* qui fourni-

roit à chacun des principes fixes & raisonnés,
& deviendroit la boussole invariable de nos ju-
gemens, nous apprendroit à assigner *aux noms*,
aux idées, *aux choses* leur véritable valeur, &
que dès ce moment on n'auroit plus à redouter,
pour la tranquillité publique, les illusions qui
séduisent encore les hommes après les avoir déja
tant séduits.

Il est évident que nul homme ne laisseroit
tranquillement incendier ses moissons ; mais il
est tout aussi évident que si chaque volon é arbitraire, chaque brigandage en finance, chaque
coup d'autorité portoit avec lui, graces à l'uni-
versalité de l'instruction, l'idée d'un forfait social aussi direct qu'un incendie volontaire, tous
s'opposeroient à son exécution.

Il n'est pas moins certain que si tous les
Princes envisagoient les suites d'une administration arbitraire, suites affreuses pour les hommes, & non moins terribles pour eux-mèmes,
ils se garderoient bien d'être Despotes.

Jettez les yeux sur l'histoire ; laissez-les retomber sur vous-mème, & voyez ce qu'a pu l'ignorance des droits, des devoirs de l'homme, & des
principes naturels. Ecoutez les éloquens déclamateurs qui vous décriront, en termes très-fastueux,

les maux dont l'efpece humaine eft & fut rongée,
& répondez-leur : „ éclairez les hommes, vous
„ n'aurez plus d'autre emploi à faire de vo-
„ tre éloquence que celui de vanter leur bon-
„ heur. "

Eclairons donc les hommes, & fur-tout les
Princes; car il faut en convenir; il eft beaucoup
moins étonnant qu'un Roi fe dife à lui-même :
*la Nature entiere eft foumife à mon pouvoir, & mes
fujets n'ont de deftination que celle de m'obéir &
de me fervir ;* qu'il n'eft croyable que des hommes aient foutenu de bonne foi le dogme de
L'OBE'ISSANCE PASSIVE. L'amour-propre exalté
devient démence (1); quand tout plie fous notre
volonté, nous nous perfuadons aifément que
tout en effet doit s'y ranger : mais qui peut fe
dépouiller de fon exiftence, au point de la croire
phyfiquement & moralement affervie à celui qui
n'a pas plus de fens & d'organes que nous ? &
que tout nous défigne pour notre femblable ?
Cette abnégation n'eft pas dans la nature ; &

----

(1) . . . . . *Nihil eft quod credere de fe non
poffit, cum laudatus diis æqua poteftas.*

(Juven. fat. IV.)

l'on ne peut, malgré toutes les illusions de l'amour-propre, conclure en pareil cas pour les autres, que d'après son propre sentiment intérieur. Convenez donc & ne doutez jamais que tout fauteur du Despotisme est un lâche que la terreur ou l'intérêt conduisent.

C'est donc aux Rois qu'il faut s'adresser. C'est eux qu'il faut oser instruire & ramener aux premiers principes naturels, dont il est très-facile de s'écarter ; mais à l'évidence desquels il est impossible de ne pas se rendre quand on les envisage.

Oui, j'ose dire qu'il est impossible de ne pas concevoir & convenir que l'homme réuni en société, comme le lui indique la Nature & l'instinct dont elle l'a doué, n'a étendu ses relations que pour l'intérêt de son bien-être, objet constant & nécessaire de ses actions & de ses désirs.

Les hommes sont nés en famille *, je le répete ; & les familles ensuite se sont confédérées pour résister au Despotisme des bètes féroces, des torrens, des ouragans, &c. De cela seul il suit que le Despotisme n'est pas la conséquence de la société, comme des frénetiques ont osé l'avancer ;

---

* *Voyez* p. 16.

mais bien l'anéantiſſement de la ſociété. Ce n'eſt pas une forme de gouvernement ; c'eſt l'anéantiſſement de toute forme eſſentielle de gouvernement ; c'eſt un Etat contre Nature.

Etendons ces idées.

Le premier principe, baſe de toute diſcuſſion , ſource de toutes vérités , en matiere de gouvernement & de morale , c'eſt qu'on ne doit à la ſociété , qu'en raiſon de ce qu'elle nous profite ; puiſque ſon objet eſt de procurer des avantages à l'eſpece humaine , de multiplier ſes forces , ſes richeſſes & ſes jouiſſances. C'eſt une vérité de ſentiment qu'il eſt preſque auſſi inutile de démontrer, qu'il ſeroit impoſſible de combattre ; que je crois avoir ſuffiſamment établie , & qui ſera ſouvent étendue & conſidérée ſous ſes divers rapports dans la diſcuſſion de cet ouvrage, dont elle eſt la baſe.

C'eſt de cette vérité qu'il ſuit évidemment que l'homme ne doit au Gouvernement qu'à proportion que ſa conſtitution fait les conditions meilleures ou plus défavorables , c'eſt-à-dire, à proportion qu'il ſe rapproche plus ou moins du premier & unique motif de ſon inſtitution ; c'eſt ici le même axiome réduit à des termes plus généraux.

Mais

Mais dans le Despotisme, la force est le seul droit; on n'y peut pas plus faire avec justice le procès à un révolté qu'à tout autre: il n'y a de Loi que celle du plus fort. La justice n'y existe pas: il n'y a point de citoyen. Un homme n'est qu'un esclave: un esclave ne doit rien, parce qu'il n'a rien de propre. Un homme de cœur sortira bientôt d'un pays où le Despotime sera établi. S'il ne le peut pas, il sera bientôt dégradé. Où la patrie ne doit rien, on ne lui doit rien; parce que les devoirs sont réciproques. Le gouvernement, qui est un seul homme, dispose de tous les autres pour son plaisir, son caprice, ou son intérèt. Dès - lors chaque individu a la permission tacite de s'avantager autant qu'il le pourra sur le Souverain. En justice réglée, il ne sauroit y avoir de trahison dans un Etat Despotique, parce que l'esclave ne peut être ni créancier ni débiteur. On ne sauroit enfreindre des Loix & des regles dans un gouvernement dont l'essence est de n'en avoir point, & ce défaut de regles est le vice qui doit tout détruire, car rien ne se conserve & ne se reproduit dans la Nature que par des Loix fixes & invariables.

Ces vérités, j'ose le dire, sont de l'évidence

la plus exacte ; leur déduction est conséquente, & si ce tableau semble odieux, ce n'est pas que son coloris soit exagéré ; c'est que le Despotisme est une maniere d'être effrayante & convulsive.

Il est le plus terrible fléau qui puisse affliger les hommes, car il ne sauroit atteindre à sa perfection, que par l'anéantissement de l'humanité qui doit lutter sans cesse contre le malheur & les privations, tandis qu'elle recherche continuellement & avec ardeur le bonheur & les jouissances, c'est-à-dire la *liberté*. Un Empereur desiroit que le Peuple Romain n'eût qu'une seule tête, pour pouvoir la trancher d'un seul coup. C'étoit le vœu barbare d'un insensé ; mais il ne desiroit que la perfection du Despotisme.

C'est dans les Etats Despotiques, que, semblable à cet esclave qui ne sortoit jamais de la chambre d'un féroce Sophi, sans *tâter sa tête avec ses deux mains pour voir si elle étoit encore sur ses épaules*, c'est dans les Etats Despotiques que l'homme consterné peut se demander sans cesse s'il lui reste un souffle de vie, un sentiment, une volonté, une ame : (heureux encore s'il

étoit capable d'évaluer ſon aviliſſement !) (1)
Mais c'eſt auſſi ſur ces théatres de la ſervitude
qu'un tyran a toujours le poids effrayant de ſes
iniquités ſuſpendu ſur ſa tête ; plus malheureux
ſans doute au ſein des grandeurs , que l'infortuné Damoclès , palpitant ſous le glaive ; puiſqu'aux convulſions de la terreur le Deſpote
réunit encore le ſupplice des remords , s'il
en peut exiſter dans un cœur habitué à la tyrannie.

Un tel langage a droit d'étonner en France ,
où l'on s'éfforce depuis pluſieurs ſiecles d'introduire le Deſpotiſme , où l'on a même employé
ſucceſſivement des menées ſourdes mais effica-
ces , & enfin des moyens violens & authentiques
à ce but déteſtable.

Le tems où les hiſtoriens écrivoient , peu d'années après un regne long & tyrannique qui
dès - lors énerva la nation. „ Les François ont

---

(1) Lors des affranchiſſemens du XIVe. ſiecle , pluſieurs Eſclaves ſe refuſerent à la liberté qui leur étoit
offerte , (*Spicilegium* , *vol.* 11. *p.* 387.)

* *Claude Seyſſel* , *Evéque de Marſeille* , *depuis Ar-
chevéque de Turin. Compar. de Louis XII. & Louis
XI. (Voy. Philippe de Com. Tom.* 11. *édit. Lond.*
1747.)

„ toujours eu liberté & licence de parler à leur
„ volonté de toutes gens , & même de leurs Prin-
„ ces , non pas après leur mort tant seulement ,
„ mais encore en leur vivant & en leur pré-
„ sence. " Ce tems est passé , les paroles sont des
crimes ; la liberté de penser est presque refusée.
Ainsi Tibere étendoit jusqu'aux discours offen-
sans pour la tyrannie le crime de leze Majesté ,
inconnu auparavant lui , ou qui ne compre-
noit du moins que les délits contre la chose publique ; (1) ainsi les espions & les délateurs * que
ce tyran appelloit *les protecteurs des* Loix , (2)
sont les armes les plus chéries des Despotes ;

---

(1) *Legem majestatis reduxerat cui nomen apud ve-
teres idem , sed alia in judicium veniebant : si quis pro-
ditione exercitum , aut plebem seditionibus , denique
male gesta rep. majestatem populi romani minuisset.
Facta arguebant ; dicta impune erant.* (Tacit. annal.
L. I.)

* *Custodes.*

(2) *Subverterent potius jura quam* custodes *eorum
amoverent.*   (Tacit. annal. L. IV.)

Et Tacite fait ensuite cette réflexion belle & tou-
chante : *Sic delatores genus hominum publico exitio
repertum , & pœnis quidem nunquam satis coërcitum ,
per præmia eliciebantur.*

& l'inquisition civile est le symptome le plus
assuré des progrès du Despotisme.

Il s'est trouvé parmi les neveux de ces François courageux qui osoient juger leurs maitres
& savoient les servir, des hommes dont la plume
vénale a écrit contre la liberté.

Tout ce qui a précédé, tout ce qui va suivre,
ne leur est pas destiné ; il faut réformer les
cœurs avant que de redresser les têtes. Eh ! qui
jamais a tenté de faire entendre le langage de
l'honneur aux esclaves corrompus & vendus à
la tyrannie. Ils débitent & prodiguent leurs dé-
testables principes, d'autant plus hardis à conquérir & corrompre des prosélytes, qu'ils sont
plus encouragés & plus soutenus par une cour,
qui, dénuée de considération, de respect, &
conséquemment de véritable & solide autorité,
paie tout, gage tout, & achete les suffrages
qu'elle ne sauroit mériter.

Ecoutez les émissaires. Leurs bouches & leurs
écrits retentissent des grands mots, *honneur*,
obéissance, *fidélité*. Vils esclaves ! qui souillent
jusqu'aux vertus, en les dénaturant dans leur
application & leur emploi, & dont on ne sauroit dire s'ils sont plus odieux ou plus ridicules,

E 3

quand on les entend combattre la liberté & ré-
clamer contre ses droits !

Mais ceux-ci sont le plus petit nombre ; j'ose
encore l'espérer. Peu d'hommes peuvent être
très-bons ; croyons que bien moins encore peuvent être très-méchans.

La plupart des citoyens, énervés par l'influence
du Gouvernement, aveuglés , soit par ignorance
des faits , soit faute d'examen , soit faute de
prévoyance & de sagacité , soit par la séduction
des fauteurs du Despotisme , embrassent plutôt
une opinion , qu'ils ne suivent des principes
fixes & réfléchis.

C'est relativement au degré d'attachement que
l'on doit aux Loix de sa patrie, aux efforts qu'on
doit faire pour leur maintien & leur défense,
qu'on se trompe le plus souvent, parce qu'on
n'a point étudié ce devoir le plus important de
tous. La plupart des hommes prostituent l'humanité par une obéissance passive ; d'autres aussi
ne discernant pas les circonstances où elle est due
au Gouvernement , de celles où elle ne l'est pas,
où l'honneur même ordonne de la refuser,
confondent, suivant leurs préjugés, leurs préven-
tions , mais sur-tout suivant leur intérêt per-

fonnel, la fervitude avec l'obéiffance , & la fermeté avec la révolte. (1)

Nous arrivons tous dans la fociété avec les mêmes devoirs à-peu-près ; & la différence qui fe trouve entre les divers citoyens, n'eft que relative à la différence des moyens ; car en général les devoirs font les mêmes pour le plus élévé comme pour le plus obfcur.

Ils font plus ou moins facrés , en proportion de ce que le Gouvernement eft plus ou moins équitable , c'eft-à dire, plus ou moins avantageux à la nation qu'il régit ; car (on ne fauroit trop le répéter,) la Nature n'a formé les fociétés que pour les befoins des hommes ; & l'on doit conclure de ce principe , cet autre théorème important , bafe de l'économie politique , *que les devoirs font & ne peuvent qu'être proportionnels aux droits.*

Le maintien de la fociété eft donc le premier devoir du citoyen , parce que chaque homme

---

(1) *Pauci prudentiâ , honefta ab deterioribus , utilia ab noxiis difcernunt , plures aliorum eventis docentur* , dit Tacite dans fes annales.

On fe trouve bien pauvre quand on médite de bonne foi Tacite.

ſe doit avant tout le ſoin de ſon bien ètre, &
qu'il doit enſuite aide & ſecours à ſes ſemblables.

Quelque ſoit la place où la Nature ait fait
naître un citoyen, il doit toujours à la patrie, ſans
doute; mais plus il eſt élevé par ſa naiſſance, par ſes
titres, ſes droits, ſes privileges, ſa notabilité,
ou, ce qui revient au même, par les bienfaits de
la ſociété, dont les avances portent un intérèt
continuellement exigible, & plus il a l'obligation
étroite de défendre ſon pays, ſa conſtitution,
au péril de ſes biens, de ſa vie, de ſa liberté
même; car les différences que la ſociété a miſes
entre le peuple & les citoyens notables; les
diſtinctions qu'elle a établies dans tous les grades de la hiérarchie, ſont pour le bien de tous,
& non pas pour l'avantage excluſif des Grands;
& lorſqu'on profite des avantages d'un marché,
on ne ſauroit avec juſtice ſe ſouſtraire aux conditions qu'il renferme, fuſſent-elles onéreuſes.

„ L'honneur, dit Ariſtote, eſt un témoignage
„ d'eſtime qu'on rend à ceux qui ſont bienfai-
„ ſans ; & quoiqu'il fût juſte de ne porter de
„ l'honneur qu'à ces ſortes de gens, on ne laiſſa
„ pas d'honorer encore ceux qui ſont en puiſ-
„ ſance de les imiter. ” Il ſuit de cette belle & judi-

cieuse pensée, que tout Grand inutile à ses compatriotes, est un véritable *banqueroutier*.

Posons donc comme un principe saint & indestructible, qu'il est de devoir de lutter pour sa patrie. Juvenal parloit en philosophe, quand il a dit: *lorsque le vice regne, la vie privée est la place d'honneur*; car l'oisiveté est la vraie philosophie sous le regne du Despotisme (1); mais il ne parloit pas en citoyen.

Celui qui résiste de tout son pouvoir à la destruction de la société dans laquelle il est né, n'a pas moins de mérite, que celui qui tâche de prolonger les jours d'un pere caduc, & de lui rendre, s'il le peut la santé; peut-être ne travaille-t-il pas moins en vain: peut-être même vient-il un tems où les remedes de la société sont inutiles, comme ceux de la médecine dans des crises désespérées. Les *Annibal*, les *Aratus*, les *Bélisaire*, n'ont fait que suspendre le décret porté sur leur patrie; mais si l'on ne régénere pas une société qui périclite, on peut du moins en former une autre.

----

(1) *Mox inter quæsturam ac tribunatum plebis annum quiete & otio transit*, dit Tacite en parlant d'Agricola; *gnarus sub Nerone temporum quibus inertia pro sapientiâ fuit.*

On le peut même fans bouleverfement. Le regne de la chevalerie, celui des grands vaffaux, celui des favoris, celui des miniftres, celui des financiers enfin, font des révolutions abfolues fous le même nom national.

Ce n'eft pas que l'efprit du citoyen, le premier reffort des fociétés, ne fe détruife à leur décadence bien plus encore qu'il ne fe dénature. Dans les momens de détreffe, tous fentent le mal & murmurent; mais pourquoi? C'eft qu'alors les papiers publics n'ont pas une marche affurée, & chacun tremble pour fa fortune. Si dans ces tems orageux & critiques, l'on raifonnoit avec tous les particuliers, peut-être leur trouveroit-on des idées abfolument contraires au retour vers le bien.

Car le Gouvernement une fois Defpotique exclut & détruit les lumieres & la volonté même. Il n'y a plus de patriote, parce qu'il n'y a plus d'homme éclairé en grand, & qu'il n'y aura bientôt plus de patrie. On ne fonge qu'à *foi*, chacun gémit, parce que le *foi* de chacun eft attaqué; alors la caufe de chaque particulier devient la caufe commune; & le malheur général peut tout réunir.

C'eft de cette crife même qu'il faut profiter;

c'eſt ainſi qu'à certaines époques l'on ne ſauroit attendre le remede, que de l'excès du mal; c'eſt ainſi qu'on peut eſpérer la régénération de la ſociété au périodə le plus accéléré de ſa décadence.

Si Guillaume le Conquérant eût été plus modéré : ſi ſes ſucceſſeurs n'euſſent pas montré tour-à-tour tant de foibleſſes & de manœuvres deſpotiques', (contraſte preſque inévitable dans le gouvernement féodal.)Si lesAnglois euſſent moins éprouvé toutes les anxiétés de l'autorité arbitraire, ils ne ſeroient pas devenus libres.

Sans les abus de la féodalité & les excès des Grands, la liberté n'auroit jamais peut-être été rendue à l'Europe. (1)

Il eſt trop heureux alors que tous les principes ſont inconnus ou détruits, que *l'intérêt* aiguillonné puiſſe redonner quelque enſemble,

____

(1) Louis le Gros en France; long-tems après lui, Fréderic Barberouſſe en Allemagne, & les Rois d'Angleterre, n'établirent & ne ſoutinrent l'adminiſtration municipale que pour abaiſſer les Grands, & diminuer, par le contrepoids de cette inſtitution, leur autorité exorbitante. L'établiſſement de l'adminiſtration municipale a été dans toute l'Europe l'époque du recouvrement de la liberté.

& fournir encore des moyens au fein du cahos de l'anarchie. Celui qui connoît les hommes, tire parti même de leurs défauts.

J'entends répéter fans ceffe, „ que *l'égoïfme* eft „ le premier vice des peuples corrompus : que „ tout eft perdu quand *l'égoïfme* domine : que „ *l'égoïfme* eft le dernier degré de la corrup- „ tion. ”

Tout cela peut être fort philofophique, & vrai à beaucoup d'égards ; mais avouons de bonne foi que cet *égoïfme* , objet de tant de fatyres , & cependant fi commun , fut toujours, & fera dans tous les tems le défaut le plus général de l'humanité ; car les hommes à qui la Nature prefcrit le fentiment & la néceffité de s'aimer avant tout , (1) penchent à s'aimer exclufivement.

––––––––––

(1) Un Auteur célebre a écrit : „ je préfere , difoit „ un Philofophe , ma famille à moi , ma patrie à ma „ famille , & le genre-humain à ma patrie. Telle eft la „ devife de l'homme vertueux. ’
Je dis que non ; car ce fentiment n'eft pas dans le cœur humain ; & la vertu n'eft pas contraire aux penchans de la Nature. Cette maxime a le coup-d'œil *du charlatanifme ;* mais comme on n'en fauroit foupçonner l'Auteur , on peut dire que l'enthoufiafme l'a égaré.

Peut être ce défaut est-il aussi le premier & le plus nécessaire de tous les ressorts que la Nature ait donnés à l'homme. L'amour-propre est au moral ce qu'est le sang au physique. L'un est aussi indispensable que l'autre à notre constitution. Cette passion crée & développe toutes nos facultés. Elle est dangereuse lorsqu'elle est exaltée ; mais le sang, sans la circulation duquel les animaux ne peuvent vivre un instant, ne cause-t-il pas des ravages affreux quand il s'enflamme ? Le sang est la source de la vie : que seroit l'homme sans l'amour-propre? le plus médiocre, le plus borné, le plus foible & le plus inutile de tous les êtres.

Quoi qu'il en soit, nous sommes tous conduits par l'amour-propre, ou ce qui revient au même par *l'égoïsme*. Il surnage sur toutes les passions ; & son empire est éternel, tandis que celles-ci s'affoiblissent sans cesse.

Or il n'est pas possible de refaire l'humanité. Tout le talent consiste à en tirer parti : nous devons être gouvernés par nos préjugés & nos passions. La science de l'éducation politique est de nous inspirer des préjugés qui tendent au bien général, & d'y diriger nos passions.

On ne devroit donc parler aux hommes, & sur-tout aux Princes, que de leur *intérêt*.

Il eſt l'idole des Souverains. Tout dans leur ame avide s'y rapporte , aucun autre objet ne les affecte : *généroſité* , *bienfaiſance*, *juſtice* , ne ſont pour eux que des mots ; encore ſont-ils les moins connus de leur langue. Les mouvemens éphémeres d'une ſenſibilité produite par l'inſtinct , & non pas fondée ſur des principes , ſont étouffés & détruits par la moindre fantaiſie , & l'on ne porte avec le diadème ni les remords dévorans , ni l'importune pitié. (1)

Si l'on diſoit à un Souverain , *qu'il n'eſt élevé au deſſus des hommes que pour leur avantage* , ce ſeroit lui offrir une grande & reſpectable vérité ; mais aſſurément il ne la croiroit pas , (2) & cette

____

.

(1) Racine l'a ſi bien dit :

> Quand on eſt ſur le trône, on a bien d'autres ſoins,
> Et les remords ſont ceux qui nous peſent le moins.

(2) Les premiers s'en ſont cependant douté , & ils ont ſagement fait. Faudroit - il citer des preuves d'une vérité ſi conſtante ? On retrouve dans l'Auteur des formules le modele de l'Edit par lequel les Rois de France indiquoient à la nation celui de leurs enfans qu'ils avoient déſigné pour leur collegue. ,, *Et nos una* cum conſenſu :› procerum noſtrorum *in regno noſtro illo filium noſ-*

moralité l'ennuieroit beaucoup, fi elle ne l'irri-
toit pas : „ apprenez à vos pupilles que la
„ Nature n'a pas deftiné l'Europe entiere à être
„ le jouet de douze familles, " difoit le fénat de
Suede aux gouverneurs de fes Princes. Il auroit

„ *trum regnare præcipimus* , *&c.* " Les Rois croyoient
alors fans doute que leurs fujets avoient droit de
compter avec eux.

On voit dans le régiftre des plus anciens Parlemens
Anglois ces propres mots : „ Tout jugement appartient
„ au Roi & aux Lords. "

Pourquoi , dit Robertfon en parlant du changement
des propriétés *allodiales* en propriétés *féodales* , *pour-*
quoi un Roi fe feroit-il dépouillé lui-même de fes do-
maines , fi en les divifant & les partageant , il n'eût
acquis par-là un droit à des fervices qu'il ne pouvoit
exiger auparavant.

„ L'état de la Royauté , difoit Elizabeth aux commu-
„ nes , n'aveugle que les Princes qui ne connoiffent pas
„ les devoirs qu'impofe la couronne ; j'ofe penfer qu'on
„ ne me comptera point au nombre de ces Monarques.
„ Je fais que *je ne tiens pas le fceptre pour mon avan-*
„ *tage propre , & que je me dois toute entiere à la fo-*
„ *ciété qui a mis en moi fa confiance.*   (M. Hume.)

Elizabeth étoit affez éclairée , affez grande , pour penfer ainfi ; mais peu de Princes font auffi grands qu'Elizabeth.

payé bien cher l'audace d'avoir publié cette vérité , fi le nouveau Guſtave n'étoit pas un grand homme , & n'étoit pas arrivé tel fur le trône ; car peu de Souverains favent encore , ou veulent entendre, que leur peuple n'eſt pas deſtiné de droit divin à leur fervir de bêtes de fomme ou de p aſſe-tems.

Si l'on difoit à ce Souverain , *qu'il s'en faut de beaucoup qu'un grand Roi foit celui qui augmente le plus fon autorité*, ce feroit une maxime très-certaine , mais il ne la comprendroit pas ; car elle tient à des principes qu'il faudroit d'abord mettre à fa portée. Comment donc l'inſtruire de ce qu'il lui eſt fi important de favoir ?

On a répété fouvent *que les Princes devroient toujours avoir la poſtérité devant les yeux* : ne vaudroit-il pas mieux les fixer fur le mot moins fonore & plus puiſſant *intérêt*, ce mot fi décevant pour l'humanité ! Un homme de beaucoup d'eſprit a dit : *quand l'intéret veille dans notre cœur , il y annonce le fommeil de la Nature* ; cette penfée eſt très-fauſſe , & n'a produit qu'une phrafe brillante. L'intérêt eſt le premier *appétit* & le plus fûr mobile de la Nature. Traitons donc les Ro's en hommes ; replions leurs réflexions fur eux-mêmes ,

mêmes , & tenons-leur avec hardieſſe & ſimplicité
à-peu-près ce langage.

„ Sans doute il faut étendre votre autorité.
„ La choſe publique n'eſt que le piedeſtal de
„ votre grandeur. Tous les pas que vous faites
„ doivent concourir à votre agrandiſſement ;
„ mais en eſſayant d'augmenter votre *autorité*,
„ craignez de diminuer votre *puiſſance*. Soyez
„ juſte & modéré pour votre intérêt ; car on
„ n'opprime pas les hommes ſans danger.

„ La Nature eſt bornée dans ſes largeſſes ;
„ elle les a réparties d'une main économe & équi-
„ table, c'eſt-à-dire , très - également à peu de
„ choſe près ; & ſi nous calculions tous les avan-
„ tages & les déſavantages phyſiques & mo-
„ raux de chaque individu , nous trouverions
„ une bien petite différence d'homme à homme.
„ Au moins n'en exiſte-t-il aucune dans la dif-
„ tribution des droits relatifs à la *liberté* , ou ce
„ qui revient au même , relatifs *au reſpect qu'exi-*
„ *ge toute ſorte de propriété.*

„ La Nature les a diſperſés avec la plus par-
„ faite impartialité. Tout individu a des droits ,
„ & contracte par cela même des devoirs dont

,, l'exécution elt de premier intérèt, & du plus
,, évident avantage pour chacun de ces indivi-
,, dus, puifque fes droits y tiennent inféparable-
,, ment. *Droits* & *devoirs*, voilà le balancier de
,, l'humanité. Ceci n'eft point un étalage affecté
,, de morale : c'eft la bafe du calcul de la fo-
,, ciété; & chaque homme trouvera la démonf-
,, tration de ce principe dans fa propre expérien-
,, ce, quand il voudra l'y chercher.

,, Repouffez donc pour un inftant les illu-
,, fions de l'orgueil; fortez de l'ivreffe du pou-
,, voir. Interrogez-vous dans le filence des paf-
,, fions, & fouvenez-vous que l'avidité connoît
,, & fert mal fes propres intérèts.

,, Le peuple auquel vous commandez n'a pu
,, vous confier l'emploi de fes forces que pour
,, fon utilité, ou ce qui revient au mème, pour
,, le maintien de la fûreté publique, tant inté-
,, rieure qu'extérieure, & pour tous les avan-
,, tages qu'il s'eft promis, quand il a inftitué une
,, *autorité tutélaire*. Vous ne lui avez pas aira-
,, ché l'exercice de fes droits, car il étoit le plus
,, fort avant qu'il vous eût créé le Dépofi-
,, taire de fa force (1). Il vous a rendu puif-

____

(1) Le ferment d'obéiffance que les Aragonnois prê-

,, fant, pour fon plus grand bien. Il vous ref-
,, pecte, il vous obéit pour fon plus grand
,, bien. Parlons plus clairement encore ; il vous
,, paie & vous paie très-cher, parce qu'il ef-
,, pere que vous lui rapporterez plus que vous
,, ne lui coûtez.

,, *Vous êtes, en un mot, fon premier falarié,*
,, & vous n'êtes que cela ; or il eft de droit
,, naturel de pouvoir renvoyer celui que nous
,, payons, & qui nous fert mal, comme il eft
,, contraire à ce droit naturel, que chacun ne
,, foit pas libre d'examiner, de connoître fes
,, propres intérêts, & que les droits des hom-
,, mes puiffent être arbitrairement diminués par

---

toient à leur Souverain eft vraiment fublime, en ce qu'il
rappelloit à leur Roi cette vérité que nul autre n'a peut-
être entendu. Le grand Jufticier prononçoit à l'inaugu-
ration du Roi ces mots au nom des Etats : *Nos que va-
lemos tanto como vos, yque podemos mas que vos, os
agemos nueftro Rey y Senor con tal que guardeis nueftros
fueros, fi no, no :*

,, Nous qui fommes autant que vous, & qui pou-
,, vons plus que vous, nous vous faifons Roi & Sei-
,, gneur, fous la condition que vous garderez nos Loix
,, & nos privileges ; fi non, non. "

„ ceux qui ont été chargés de les défendre.

„ *Souvenez-vous* , difoit Louis XI. en mou-
„ rant à fon fils , *que la Royauté n'eft qu'une*
„ *charge publique , dont vous rendrez un compte*
„ *rigoureux à celui qui , feul , difpofe des fceptres*
„ *& des couronnes.*

„ Un grand Roi * ne craignoit pas d'avouer
„ dans une convocation des députés de fa na-
„ tion , *que la regle la plus équitable eft , que ce*
„ *qui intéreffe tous , foit connu de tous ;* on
„ pourroit lui dire : ce n'eft pas *la plus équita-*
„ *ble ; c'eft la feule équitable.* ”

„ Ces vérités paroiffent dures à qui les entend
„ pour la premiere fois. Elles vous irritent plus
„ encore qu'elles ne vous étonnent , & je de-
„ vine votre réponfe. *Que m'importe le droit ,*
„ m'allez-vous dire , *fi le fait a décidé pour moi ?*
„ *Je fuis le plus fort ; & s'il eft vrai que j'abufe*
„ *de l'autorité qui me fut confiée , je puis & je*
„ *faurai maintenir mon ufurpation vis - à - vis de*
„ ceux qui fe font imprudemment dépouillés du pou-
„ voir de me contenir.

„ Telles font les illufions dont fe repaît l'in-

---

* *Edouard I. dans un Writ de convoc.* XIIIe. *fiecle.*

„ fatiable cupidité , qui n'envifage que les
„ moyens de fe fatisfaire, & s'étourdit aifément
„ fur leur danger.

„ Penfez à ce mot fi fage, qu'un infenfé
„ adreffa un jour à un puiffant Defpote: *que*
„ *ferois-tu , Philippe , fi tous tes fujets s'avifoient*
„ *de dire non , toutes les fois que tu dis oui ?* (1)

„ O Prince , à qui la Nature n'a pas donné
„ plus d'organes & de facultés qu'à tout autre
„ homme , votre peuple & vous ne tenez l'un
„ à l'autre que par le lien étroit de l'*utilité* qui
„ vous unit tous. Si vous le rompez , vous
„ compromettez votre exiftence , foit que la
„ fociété vous arrache le pouvoir dans lequel
„ elle ne trouve qu'*oppreffion & malheur* , au lieu
„ de *protection & profpérité* ; foit que vous réuf-
„ fiffiez à énerver vos fujets par la fervitude ,
„ & à ruiner leur pays par les ravages du Def-
„ potifme , car votre puiffance exagérée fubira
„ le fort de l'Etat , qui , épuifé d'hommes &

---

(1) Le fage Plutarque dit : (*Traité de la mauvaife*
honte , chap. 7.) *que les habitans d'Afie étoient les ef-*
claves d'un feul , pour ne pas favoir prononcer cette
fyllabe NON.

,, de reſſources , s'écroulera ſi-tôt qu'on entre-
,, prendra de le renverſer , & qu'il ne ſera dé-
,, fendu que par des Eſclaves.

,, Vous êtes certainement le plus favoriſé par
,, la Loi. Si vous la foulez aux pieds , ce ſera
,, vous qui y perdrez le plus. Si vous avez en-
,, freint une fois ces Loix embarraſſantes , la
,, crainte eſt la ſeule choſe qui contiendra vos
,, ſujets. Si elle ceſſe un moment, vous êtes
,, perdu par les ſecouſſes de la révolte ; & vous
,, êtes encore perdu avec tout l'Etat , ſi elle
,, continue , par la lâcheté & l'impuiſſance de
,, la ſervitude. Un grand homme habitué à ob-
,, ſerver les Deſpotes & les Eſclaves , l'a , dit-il,
, il y a long-tems ; & cette éternelle vérité ſe vé-
,, rifiera dans tous les pays & tous les âges ;
,, *la crainte eſt le plus foible lien qui puiſſe con-*
,, *tenir les hommes ; car ceux qui commencent à*
,, *craindre ont déja commencé à haïr.* (1)
,, Si vous regardez les privileges des divers
,, ordres de vos ſujets comme des abus, vous

---

(1) *Metus & terror eſt , infirma vincula caritatis ,*
quæ ubi removeris, qui timere deſierint , odiſſe incipient.

(Tacit. vit. Agricol.).

,, êtes à la veille de voir regarder comme tels

,, vos propres privileges ; car la repréſaille eſt

,, le droit de la Nature.

,, *Les privileges ſont des abus* , diſoit un Mi-

,, niſtre de nos jours. Son ignorance ſeule le

,, lavoit du crime *de leze-Majeſté* ; car les Rois

,, ne ſont-ils pas tels , par un *privilege* attaché

,, à leur famille & à leur perſonne ?

,, Ne calculons , ſi vous voulez , que les

,, moyens les plus ſûrs d'aſſeoir ſur une baſe

,, ſolide le pouvoir arbitraire , dont il eſt fort

,, agréable de jouir , mais très-dangereux d'abu-

,, ſer ; vous verrez bientôt qu'il faudra le mo-

,, dérer , & que les caprices *des Domitiens* & des

,, *Héliogabale* ne ſont pas de bons moyens pour

,, ſéduire les hommes & les fixer.

,, Aujourd'hui toutes les autorités ſont rap-

,, prochées plus ou moins du Deſpotiſme. Com-

,, ment ſe ſoutiennent-elles ? par les individus

,, qu'elles y ont ſu intéreſſer , en leur en aban-

,, donnant une partie ; en ſorte que , par exem-

,, ple , la puiſſance d'un Roi abſolu tient inſé-

,, parablement à la conſidération de ſa nobleſſe ,

,, à la fidélité de ſes milices , à l'économie de

,, ſes Miniſtres , à l'aveuglement du peuple qui

,, s'abuſera très-aiſément ſur les motifs de vos

„ manœuvres; mais non pas fur vos véxations
„ dont les fuites font trop ruineufes & trop
„ vifibles.

„ Les ombres & les nuances font néceffaires pour
„ faire reffortir les objets. Si vous les confondez,
„ fi vous renverfez l'hiérarchie dont vous êtes
„ le chef, fi vous découvrez aux hommes leurs
„ chaines, fi leurs yeux ne font plus fafcinés,
„ fi leurs bras ne peuvent plus fuffire à votre
„ cupidité, fi vous gafpillez follement les ri-
„ cheffes que leur arrache votre infatiable tyran-
„ nie, que gagneroient - ils à ramper encore ?
„ Ils fe fouviendront qu'ils font les plus nom-
„ breux & les plus forts ; que vous n'avez de
„ puiffance que celle qu'ils vous abandonnent
„ ou vous procurent.

„ Ils fe fouviendront que les hommes qui vont
„ tous fe perdre dans le cercueil des tems, que
„ les hommes *égaux en droits, égaux en devoirs,* qui
„ ne font diftans les uns des autres que par le
„ degré *d'utilité* dont ils font à leurs femblables,
„ réclament au mème titre la liberté, & ont
„ tous un égal droit à la défendre lorfqu'elle
„ eft attaquée.

„ Ils fe fouviendront, que l'on dit *maitre* un
„ tel, *Monfieur* un tel, *Monfeigneur,* votre *Alteffe,*

„ votre *Majesté* même ; que derriere tout cela *il*
„ *n'y a qu'un homme* ; mais, aussi que derriere,
„ tout cela *il y a un homme* :

„ Que l'intérèt de la liberté publique réside
„ également dans chaque membre de la société
„ établie pour la sûreté & l'avantage de tous ceux
„ qui la composent ;

„ Et que *les lettres de cachet*, par exemple, ce
„ chef-d'œuvre moderne d'une ingénieuse tyran-
„ nie (1), font plus dangereuses pour les hom-

---

(1) Tacite nous apprend (*mœurs des Germains*,
chap. 7.) *que chez les Germains, le Magiftrat lui-même
n'avoit pas le droit d'emprifonner un homme libre, ni
de lui infliger aucune peine corporelle.*

On trouve dans les Ordonnances des Rois de France,
(*tom. I. p. 72. 80.*) *que perfonne ne pouvoit être arrêté ni mis en prifon pour aucune dette particuliere,
& même* (ibid. vol. 3. p. 27.) *qu'il étoit permis d'arracher des mains des officiers un prifonnier arrêté, fous
quelque prétexte que ce fût, à moins d'un crime capital.*

Quand Bouchard de Montmorenci rejetta conftamment le jugement de Philippe I. qui le condamnoit en
faveur de l'Abbé de St. Denis, on lui permit de fe retirer, mais on ne l'emprifonna point ; attentat au
droit naturel, violation de la liberté alors inconnue
aux François, comme le dit expreffément l'Abbé Fuyer :
non tentus, mos neque enim Francorum eft, fed recedens.

F 5

„ mes, que l'infernale invention *de Bufiris*, en
„ ce qu'elles réuniffent à l'illégalité la plus odieufe
„ un impofant appareil de juftice, tandis que ce
„ fupplice n'étoit du moins que l'acte de phrénéfie
„ d'un monftre infenfé tel que la Nature n'en vo-
„ mit pas deux en plufieurs fiecles.

„ Ils ne fe laifferont plus abufer par le grand
„ & myftérieux mot *de fecret d'Etat*; ils penfe-
„ ront que celui qui tendroit à faire, des intérèts
„ des peuples, & de ceux des Souverains, deux
„ objets diftincts & féparés, feroit un art auffi
„ criminel qu'infenfé ; ils penferont que le *véri-*
„ *table fecret d'Etat* confifte uniquement à rendre
„ les hommes heureux, & par conféquent à les
„ laiffer & maintenir paifibles poffeffeurs *de leurs*
„ *travaux* & de leur *liberté*..

„ Que nul homme n'a droit d'affigner les cir-
„ conftances où l'on peut permettre de violer la
„ *propriété*, cette bafe unique de toute fociété,
„ à moins d'un délit focial, qui rend le malfaiteur
„ indigne d'ètre citoyen.

„ Que celui qui fut chargé de maintenir ce
„ droit de *propriété*, ou plutôt qui ne fut créé que
„ dans cet objet, abufe indignement de la con-

„ fiance des citoyens & devient l'ennemi public, *
„ lorſqu'il y atente.

„ *Ils penſeront, qu'ils ne ſe donnereut un Prince*
„ *que pour ſe préſerver d'avoir un maître, c'eſt à-*
„ *dire un tyran violateur des droits naturels* anté-
„ rieurs à toute ſociété, & conſéquemment
„ à toute autorité.

„ Ils penſeront qu'il n'eſt point de propriété
„ plus chere & plus ſacrée que celle de notre li-
„ berté perſonnelle, & ſur-tout que c'eſt ètre
„ étrangement aveuglé ſur ſes intérèts & ſes
„ droits que de conſentir à la perdre à la vue
„ d'un papier illégal, quand on peut enchaîner la
„ main qui l'a ſigné, & qui le livre aveuglément
„ aux fantaiſies des maîtreſſes, & aux vengean-
„ ces des Miniſtres & des Commis.

„ Enviſagez tout cela, Prince, avant qne de
„ prendre le parti dangereux d'opprimer les hom-
„ mes ſous le faix du Deſpotiſme ; réfléchiſſez
„ que dans les pays où le Peuple ſera *ſerf*, où
„ par conſéquent il ſera déſintéreſſé de la choſe
„ publique, & ne ſera pas maître de ſurveiller
„ à ſes intétèts, de calculer les avantages qu'il

---

* *Ce mot eſt de Pline & Trajan.*

„ retire de l'adminiftration , de repréfenter fes
„ droits , de prévenir les atteintes qui peuvent
„ y être portées , de travailler & de jouir en paix,
„ de favoir ce qu'il doit & pourquoi il le doit,
„ de ne payer que les rétributions néceffaires à
„ l'entretien & aux fonctions de l'autorité tuté-
„ laire à laquelle il s'eft foumis pour fon plus
„ grand bien ; réfléchiffez que dans un tel pays
„ il n'y aura ni forces , ni richeffes , ni enfem-
„ ble, ni confiftance, ni induftrie ; qu'une telle
„ conftitution ne fauroit être appellée *fociété* ,
„ qu'elle eft *contre nature* & par conféquent infta-
„ ble & orageufe ; qu'il n'eft ni fol , ni climat,
„ ni reffources naturelles , qui puiffent réfifter
„ aux terribles influences d'un pareil brigan-
„ dage ; qu'un tel Royaume fera pauvre , obéré ,
„ inculte, dépeuplé , envahi par le premier qui
„ ofera profiter de cette crife funefte : ou plutôt
„ penfez que fi un feul homme réveille d'autres
„ hommes de l'affoupiffement de l'efclavage , vous
„ ferez dès ce moment le plus foible comme le
„ plus détefté de tous les êtres malfaifans , &
„ vous deviendrez la victime publique , comme
„ vous étiez le véritable ennemi national.

„ En un mot, foyez jufte , non pas parce que
„ cela eft *honnête* , mais parce que cela eft nécef-

„ faire, & n'oubliez jamais qu'un Prince qui
„ ramene à lui toute l'autorité, la perd toute. " (1)

Un tel difcours n'eft pas d'une morale délicate & recherchée fans doute ; mais il eft de bon
fens, & fes principes font également conformes
au refpect dù aux droits des hommes & aux
véritables intérèts des Princes.

On peut le réfumer en rapportant ce mot
célebre de Séneque, devenu l'épigraphe de la
tyrannie : *timet timentes* *. Tel eft l'Arrèt irrévo-
cable des Defpotes, *l'autorité crainte de tous*,
craint tout. Et Thalès difoit à mon avis une
grande vérité, quand il citoit un vieux tyran
pour la *chofe la plus extraordinaire qu'il eût vue
dans fes voyages*.

---

(1) C'étoit la maxime d'un habile tyran. Tibere difoit au Sénat : *les Princes ont affez d'occupations : ils
ont affez de pouvoir : on le diminue alors qu'on veut
trop l'augmenter. Satis onerum Principibus, fatis etiam
potentiæ, minuit jura quoties glifcat poteftas.*

(Tacit. annal. lib. III.)

*Ea demum nita eft potentia quæ viribus fuis modum
imponit*, dit Sallufte.

* *Hercule Furieux.*

C'eſt avancer une nouveauté bien hardie, ſâns doute, que de dire aux Souverains ; *vous étes les ſalariés de vos ſujets , & vous devez ſubir les conditions auxquelles vous eſt accordé ce ſalaire , ſous peine dé le perdre.*

Examinons ſi ce principe eſt hazardé , car ſoiī énonciation eſt très-nouvelle ; & ſi d'autres Fran‑ çois l'ont penſé avant moi , je fuis peut-être le premier qui ait oſé l'écrire. **Les** hommes alors même qu'ils ſentent la vérité & qu'ils veulent lui rendre hommage , l'alterent encore & ſe laiſſent aller à des ménagemens de convention , fruits des préjugés admis & fomentés dans la ſociété. Le *ſinge de la raiſon*, diſoit Bolinbrogke , *uſurpe ſon ſiege & exerce ſon pouvoir*. Il ſeroit tems de ſecouer cet eſclavage de l'eſprit , & de voir ſi la liberté courageuſe de penſer tout haut , ne ſauroit introduire tôt ou tard celle d'agir.

On a comparé ſouvent la ſouveraineté à l'au‑ torité *paternelle*. C'eſt une belle idée ſans doute que celle d'une telle harmonie ſociale : le premier qui la conçut étoit un homme vertueux, doué d'un beau génie ; mais je le répete, hélas ! & l'expérience de tous les âges répete avec moi , que la véritable généroſité eſt la vertu la plus rare chez les hommes , & ſur-tout chez les Rois , qui font les moins éclairés des hommes. Remontons donc aux véritables principes, ou plutôt à la véritable origine de la Royauté, & abandonnons, quoiqu'à regret, la fublime & douce chimere des *fouverains Peres de leurs fujets* ; car fi la Nature bienfaifante accorde quelquefois aux nations un Henri IV, elle fe repofe de cet effort pendant bien des fiecles, par une longue ftérilité.

L'homme veut être heureux : il veut jouir : il finit toujours par vouloir jouir avec tranquillité ; car les jouiffances tumultueufes ou troublées ne font pas des jouiffances.

On ne jouit guere que par le travail ; car la terre que nous habitons eft une bonne mere ; mais elle veut être follicitée. (1)

L'idée d'une propriété acquife (2) par le tra-

----

(1) Varron a dit : *Dii laboribus omnia vendunt : facientes Deus adjuvat*, & on le répétera long-tems après lui, avant de le dire mieux.

(2) J'ai cru pouvoir me difpenfer de diftinguer ici trois efpeces de *propriétés*, (la *perfonnelle*, la *mobiliaire*, & la *fonciere*,) comme l'ont fait les Écrivains économiftes, fans doute avec raifon ; car il falloit établir & détailler avec méthode des vérités trop long-tems

vail, eſt une des premieres notions que nous
donne la Nature; cette idée ſe perfectionne dans
ſes analogies quand *on la médite*, mais indépendamment de toute réflexion.

L'inſtinct nous dit : que *la récolte que nous
avons ſemée eſt à nous ; que quiconque veut nous en
priver eſt méchant, injuſte, & notre ennemi, que
nous pouvons & que nous devons même repouſſer,
réprimer, & mettre dans l'impoſſibilité de nous nuire,
par tous les moyens qui ſont en notre pouvoir.*

L'inſtinct, dis-je, nous enſeigne tout cela,
avant que des combinaiſons ſociales nous aient
appris & démontré par exemple, que qui attaque
une propriété, par cela même les attaque toutes.

Le Caraïbe défend, & a droit de défendre
l'animal qu'il a pris à la courſe ou dans les lacs,
comme

---

négligées, pour en déduire les conſéquences qui forment le véritable ſyſtême de l'économie politique ; mais
il n'eſt queſtion ici que du reſpect inviolable dû aux
propriétés, & des conditions ſous leſquelles on a pu
les mettre ſous la ſauve-garde d'un ſeul ou de pluſieurs.
Or l'idée de *propriété* ſuffit à cet objet ; vous l'éten-
drez & la ſubdiviſerez autant que vous voudrez ; toujours ſera-t-il que toute ſorte de propriété réclame évidemment les *mêmes droits.*

comme l'homme social défend & a droit de défendre le champ qu'il a semé.

Quelle est la différence qui se trouve entr'eux ?
Le Caraïbe n'a que ses deux bras pour protecteurs du fruit de ses travaux; l'homme social réunit les siens à ceux d'autres hommes associés, pour
l'aider à cultiver, à semer, à recueillir, à défendre, façonner, échanger ses propriétés.

Mais les hommes se trouvant trop partagés
entre les soins de cultivation & de défense,
ont mis toutes leurs propriétés sous la sauve-
garde d'un seul ou de plusieurs, revêtus de ce
que nous appellons l'autorité *tutélaire* ; c'est-à-
dire, du pouvoir d'exercer la police, pour qu'on
puisse semer & recueillir en paix ; de sonner
l'alarme dans la communauté, lorsque l'ennemi
du dehors la menace ; de réunir, en un mot,
les forces *de tous*, pour tel ou autre avantage qui
doit en résulter *pour tous*.

Il suit de-là, que le respect de la propriété est
la base comme l'objet de toute société & de toute
législation; de celle même qui, par ses défauts
ou les efforts contraires des passions humaines
mal contenues, sembleroit la respecter moins.

Un des plus méprisables, mais cependant des
plus accrédités prôneurs du pouvoir arbitraire,

G

l'ignorant & ampoulé Monſieur *Linguet* , n'a pas
pu s'empêcher d'en convenir *dans la théorie des
Loix civiles* ; & cet aveu , pour le dire en paſſant,
ne laiſſe pas que de l'entraîner dans des contradictions paſſablement ridicules.

Dans le Gouvernement féodal, dont le principal
vice , & peut-être le ſeul , (1) étoit de ne point
protéger le droit de propriété de la claſſe nourri-
ciere, la plus nombreuſe & la plus utile portion de
l'humanité dans ce Gouvernement, qui n'étoit
g ere qu'une aſſociation des plus forts c ntre les
plus foib'es, aſſociation mal dirigée, même dans cet
objet , puiſque le défaut de police & d'harmonie
concouroit toujours à faire prévaloir q elque tyran
au ſein de cette anarchie ; dans une telle conſtitution , dis je , vous trouverez des idées diſtinc-
tes de *propriété*.

Qu'en n'objecte pas que les incurſions des
Germains légiſlateurs féodaux , ſi l'on peut s'exprimer ainſi , ne furent guere occaſionnées que
par l'amour du pillage & l'émulation de la gloire
militaire , & que l'idée *de propriété* n'entroit pour
rien dans ces aſſociations.

____

(1) Il eſt vrai que ce ſeul défaut doit entraîner la
diſſolution de la ſociété.

De tels hommes réfléchissoient peu sans doute sur l'art de perfectionner les institutions politiques ; mais le pillage emporte lui-même l'idée de *propriété*, car aucun dévastateur ne voudroit se voir enlever le fruit de ses spoliations ; & d'ailleurs les Germains * ne se partagerent pas plutôt les possessions conquises, que l'idée de *propriété* se mêla naturellement à celle de *travail*, & l'idée de *défense* & de *respect* à celle *de propriété* ; & voilà pourquoi le don des *fiefs*, d'abord précaire & momentané, s'étendit à la vie du *donataire* : il devint même *héréditaire* dans le perfectionnement de la Loi féodale.

Ces premiers points posés, il est aisé de sentir que les rétributions que la société départit à celui qu'elle a revêtu de l'autorité tutélaire, ont deux objets ; le premier renferme *tous ceux d'utilité publique* ; le second renferme *le salaire dû à cet Officier public*, qui ne perdra pas son tems à veiller sur les propriétés des autres, sans qu'on le dédommage de ces fonctions pénibles & continuelles, & qui d'ailleurs est obligé de gager à son tour des coopérateurs.

----

* *Les Normands, les Danois, & tous les conqué- rans septentrionaux.*

Il fuit donc de tout ceci, que le Monarque n'eſt autre choſe que le *ſalarié* de *l'Etat*, ſous toutes les conditions qu'emporte ce mot & cette fonction de *ſalarié*; car la ſociété ne le paie pas, cet Officier public, pour lui épargner de la peine, mais afin qu'il prenne celle de défendre la maſſe des richeſſes publiques, & parconſéquent chaque propriété porticuliere.

L'un des plus reſpectables Rois qui ait jamais occupé le Trône, Henri IV, diſoit : *en quoi ſuis-je différent du reſte de mes ſujets, ſinon en ce que j'ai la force de la juſtice à ma diſpoſition ?* C'étoit une de ces vérités de ſentiment qu'il retrouvoit dans ſon ame, aſſez grande pour la publier ; s'il eût réfléchi davantage, & qu'on eût eu le courage ou l'inſtruction néceſſaire pour lui faire ſuivre & approfondir cette idée, il auroit compris *que cette force de la juſtice* ne réſidoit en lui, que parce qu'elle lui avoit été confiée ou tranſmiſe; il auroit deſiré qu'on l'apprît à ſes enfans, pour les préſerver des amorces trompeuſes du pouvoir arbitraire.

Remontez à l'origine des choſes, & vous verrez toutes les autorités dériver des principes que je viens d expoſer. Dans le Gouvernement féodal, généralement introduit par les conquérans septentrionaux, qui fut si long-tems la législation commune à presque toute l'Europe, & dont les débris subsistent encore dans les deux tiers de notre hémisphere ; dans le Gouvernement féodal, la couronne n'étoit certainement regardée que comme un office militaire, & non comme une propriété ; cette vérité est incontestable. Aucun pays en Europe, (1) quelqu'anarchie qui s'y fût introduite, quelques despotiques & & farouches conquérans qui y eussent fait des invasions, n'étoit administré dans des tems d'ignorance & de barbarie, que par un Gouvernement légal & limité ; parce que l'Europe presque entiere étoit couverte des nations septentrionales, ou du moins mêlangée des restes de leurs nombreuses irruptions, & que les législations septentrionales les plus anciennes, celles même dont il ne nous reste que les traces les plus confuses, paroissent avoir toujours été les plus diamérialement opposées à l'autorité arbitraire. Il appartenoit à des siecles plus civilisés & plus

---

(1) Je ne prétends pas étaler dans les notes déja nombreuses dans le cours de cet ouvrage, une érudition affectée ; mais si c'étoit ici le lieu de cette discussion, j'établirois cette assertion par des preuves incontestables.

G 3

inftruits , mais marqués du fceau *du Defpotifme*, fous lequel les hommes vils & rampans ont altéré , oublié ou perdu les notions les plus fimples & les plus naturelles de la *liberté* ; il appartenoit, dis-je, à ces fiecles, d'admettre & défendre *le principe monftrueux de l'obéiffance paffive à la la volonté d'un feul.*

Que conclure enfin de cette chaîne de théorèmes évidens , *fi cé n'eft que le peuple* SALARIE *le Souvérain ?*

Or , celui qui paye a droit de renvoyer celui qui eft payé , fi le premier ne retire pas les avantages qu'il efpéroit de la rétribution volontaire accordée au fecond ; bien entendu que le *falarié* , inftitué pour protéger les Loix & veiller fur leur exécution, doit être à fon tour protégé par elles ; car la licence & les factions caufent à la fociété prefque autant de maux que la tyrannie.

Il fuit fur-tout de tout ce qui a précédé , que celui qui, créé pour défendre les propriétés , ufurpe fans ceffe fur elles, commet le forfait le plus dangereux pour les hommes, dont la confiance eft trahie, & par conféquent le plus odieux & le plus puniffable.

La nation finit toujours par être plus puif-

fante que le tyran, lorfque le pouvoir arbitraire,
parvenu a fon dernier délire, a diffout tous les
liens de l'opinion, & épuifé les reffources que
la terre offre à ceux qui la cultivent en liberté;
ainfi les hommes fe vengent tôt ou tard : il valoit donc mieux les fervir & leur être utile, que
les dépouiller & les vexer.

Voilà ce que les Rois ne comprennent pas,
parce qu'ils ont une manière de fentir & de
penfer différente des autres hommes, & cela
doit être, vu leur éducation ftupide & prefque
féroce; la nation qui devroit fans doute préfi-
der à cette éducation, parce qu'elle y eft la plus
intéreffée, non-feulement ne dirige pas le choix
des inftituteurs de fes princes, mais encore les
voit prefque toujours tirés de la claffe des courtifans, objet de fon mépris, fi ce n'eft de fon
effroi. Quelle efpérance doit-elle concevoir d'un
éleve confié à de telles mains ?

(1) *Platon* & *Socrate* n'euffent peut-être été

---

(1) C'eft fur-tout dans l'Afie, véritable patrie du
Defpotifme, que l'on trouve des exemples de cette ftupidité.

Le Sophi Scha - Huffein fit plufieurs actes de dévo-

que des Sultans, s'ils euffent traîné comme eux leur vie dans la trifte obfcurité d'un ferrail, où l'on ne rencontre que des efclaves, & d'où l'on ne retire qu'une faftueufe ignorance, l'affaiffe-ment de tous les organes & la fatiété de tous les plaifirs.

---

tion, & beaucoup d'aumônes pour avoir tué d'un coup de fufil un canard, auquel il ne vouloit que faire peur. Le feu prit un jour à la grande falle de fon palais, il ne vouloit jamais permettre qu'on l'éteignit, *de peur*, di-foit-il, *de s'oppofer aux décrets de la Providence;* c'é-toit fans doute auffi pour ne pas contrarier la forte con-cupifcence que l'Etre fuprême avoit mife en lui, qu'il dépeuploit la Perfe de fes plus belles femmes pour rem-plir fon ferrail; le même Sophi répondoit à ceux qui lui difoient que les ennemis approchoient d'*Ifpahan; c'eft aux Miniftres d'y pourvoir, ils ont des armées fur pied pour cela. Pour moi je ferai content, pourvu qu'on ne laiffe mon palais de Farabath.*

C'eft ainfi qu'un Prince de nos jours croyoit fon trône en fûreté, & fon Royaume parfaitement adminiftré, quand il avoit cent millions dans fon cabinet, fous fa propre garde.

Si vous voulez favoir ce qu'eft l'éducation des Princes defpotiques, lifez le *canon du Sultan Soliman II, pré-fenté à Sultan Mouzad IV, pour fon inftruction*, im-primé chez Thibaut à Paris, 1725.

On convient affez communément du befoin d'apprentiffage pour tous les métiers : celui de gouverner fes femblables eft le feul pour lequel tout homme fe croit des talens.

„ Le plus âpre & difficile métier du monde, „ à mon gré, dit Montaigne, c'eft faire digne- „ ment le Roi. ” Sans doute, mais il en eft de ce métier comme de tant d'autres ; il eft fort aifé de le faire mal, & c'eft ainfi qu'il arrive pref- que toujours.

Dans le Defpotifme, les Princes doivent être, par les leçons qu'ils reçoivent, fort au-deffous de l'humanité. Il faut cependant que tous leur foient foumis : de quelle efpece doivent être les hommes dans ce Gouvernement ? Mr. de Montefquieu prétend que la botte que Charles XII menaça le Sénat de Stokolm de lui en- voyer pour le gouverner, auroit auffi bien ad- miniftré qu'un Defpote. J'en fuis perfuadé ; je crois même qu'un Prince qui, fuccédant à quel- ques Rois defpotiques, auroit affez de tête & de cœur pour connoitre le vice de ce fléau terri- ble, décoré du mot *Gouvernement*, ne trouve- roit parmi fes fujets que des automates pour l'aider dans l'adminiftration.

Quelque crife effrayante qu'un regne oppref-

feur , s'il avilit & dénature ainſi l'humanité !
Et les Princes arbitraires veulent être reſpectés !
C'eſt à leur approche qu'on peut s'écrier avec
Eſchille : „ La Majeſté du trône a diſparu : **ce**
„ reſpect, qui rendoit inviolable la perſonne de
„ nos Rois ; tous ces ſentimens ſe ſont évanouis :
„ un morne effroi les remplace. " *

Les Rois qu'on n'occupe jamais que d'eux &
de leurs plaiſirs , connoiſſent peu de rapports ;
ils ont conſéquemment peu d'idées. Les Hiſtoriens & les Poëtes ſont pour eux des corrupteurs dangereux , car les Princes n'ont pas les
connoiſſances néceſſaires pour ſe préſerver & ſe
méfier des inſidiuſes adulations & des lâches
réticences dont tant d'Ecrivains mercenaires in-
fectent & ſouillent leurs écrits.   Quel Eſclave
oſe détromper ſon mérite ? On a dit depuis long-
tems , *que celui qui commande à trente légions eſt*
le plus ſavant homme de l'Univers. (1)

Peu de Citoyens ont le courage d'élever la

---

* *Coëphores.*

(1) Ce mot eſt de Favorin , fameux grammairien , qui
fit cette réponſe apologétique à ſes amis , qui lui re-
prochoient d'avoir cédé à l'Empereur Adrien , dans une
diſpute où il avoit raiſon.

voix en faveur de la vérité ; nous trahiſſons preſque tous la cauſe de la patrie, ou plutôt celle de l'homme, par une crainte ſervile, ou par une puſillanime complaiſance. Il n'eſt pas *du bon ton* de *diſputer* ni *de contrarier* ; il eſt bien plus conforme à l'*honnêteté* d'être ſervile & rampant, car c'eſt aſſurément la mode. Ainſi les opinions les moins réfléchies, & ſouvent les plus nuiſibles, ſont facilement accréditées chez les hommes ; on n'oſe point les détruire ; il n'eſt pas même permis de les combattre : ainſi les pré-jugés & les erreurs s'enracinent : ainſi nous gé-miſſons oppreſſés par la tyrannie, & nous cou-rons au devant d'elle par nos adulations, notre admiration même ; ainſi nous oublions volon-tiers nos malheurs, & nous les pardonnons à ceux qui nous ſavent étonner par l'habileté de leurs manœuvres & l'audace de leurs forfaits : *rien n'entraîne le culte des hommes comme l'illuſion*, dit un Auteur célebre * ; en effet, nous ſom-mes preſque tous des enfans, car l'éclat nous frappe toujours plus que tout le reſte.

Démétrius de *Phalere* diſoit à Ptolomée, *que*

---

* *L'Ami des hommes.*

l'hiftoire eft le véritable précepteur des Princes ;
parce qu'ils y trouvent d'utiles leçons , que ceux ,
qui les approchent n'oferoient pas leur faire. Mais
il vouloit parler , fans doute , de l'hiftoire écrite
par des Philofophes, au milieu d'une nation libre ; l'on ne remontrera pas de nos jours, &
prefque en aucun tems , un pareil exemple.

L'hiftoire eft une longue & monotone com-
pilation des malheurs de l'homme , & trop fouvent le panégyrique des malfaiteurs publics ;
car on peut ordinairement appeller ainfi les
Héros ; & la plupart des hommes lifent ces re-
cueils de faits comme des contes de Fée , où les
Gé ns & les combats piquent & réveillent la
curiofité.

En un mot, il nous faut du bruit & de la
terreur (1), & ce n'eft pas le moyen le moins

<hr>

(1) Pétrone a dit : *primus in orbe Deos fecit timor.*
Cela n'eft pas vrai ; mais il eft vrai que les Dieux n'ont
jamais été adorés fans être craints , ou plutôt qu'on les
a craints au moment où l'on a deviné leur exiftence.
Ce fentiment eft l'ouvrage des Prêtres , fans doute ;
mais ils ont bien jugé les hommes qu'ils avoient à
fubjuguer , quand ils ont fait de la terreur la bafe de
leur autorité.

fûr d'en impofer aux hommes énervés par les inftitutions politiques , que de les méprifer & de les braver.

On peut remarquer que le plus fouvent, dans l'hiftoire , la célébrité eft en raifon inverfe de l'utilité ; c'eft ainfi que les hommes jugent au premier coup-d'œil, & ils attendent rarement le fecond. Les extrèmités fe rapprochent. Un homme très-fage , quoique pourvu d'un grand génie, ne fait fouvent pas plus de bruit dans le monde qu'un ftupide ; on apprécie les Princes & les Miniftres par la difficulté apparente de ce qu'ils ont fait ; il fuffit qu'une chofe porte l'empreinte de l'extraordinaire pour être louée. Que la Nature dans fa colere nous donne un fecond Richelieu , nous l'admirerons encore pour prix des nouvelles chaines fous lefquelles il finira de nous écrafer.

Oh combien nous fommes imprudens ! combien l'expérience des autres eft un tréfor perdu pour nous ! Si l'ambition & les fuccès des conquérans , fi la puiffance abfolue des Defpotes peuvent infpirer de belles odes, l'oubli de ce qu'on doit aux hommes a fait des bètes froces, de Princes qui euffent été ettim bles par leur valeur & leur talens militaires ; eh ! qu'eft-ce que le génie le plus beau & le plus vaste, s'il ne respecte pas les droits de l'humanité ! L'animal infortuné que déchire un féroce léopard, admire-t-il la bigarrure de sa peau, & la variété de ses rufes ? Celui qui inventa la herse fut plus précieux au monde que celui qui rendoit des sceptres à Porus.

Pourquoi vanter la gloire des conquérans ? est-ce pour exciter leur émulation, ou pour en augmenter le nombre.

Renvoyons *les conteurs* éloquens de révolutions & de batailles à un sage des rives du Gange, dont il est bon de rapporter ici le système philosophique sur *la gloire & les héros.*

Les enfans de *Tamerlan* furent dépouillés de ses conquêtes bientôt après sa mort. (1) *Babar*, son sixieme descendant, avoit été chassé de Samarcande par les Tartares. Ce jeune Prince se réfugia dans le Cabulistan, dont le Gouverneur *Ranguildas* l'accueillit avec affection. Cet homme habile, intéressé par les malheurs du jeune Prince, lui conseille la conquête de l'Indostan,

------

(1) Cette anecdote est tirée de l'histoire politique & philosophique du commerce des deux Indes.

dirige cette entreprife, & la fait réuffir. Babar,
conquérant & maitre abfolu, fut bientôt Defpote; Ranguildas faifoit un jour la priere dans
le Temple, il entendit un Banian qui s'écrioit:

„ O Dieu! Tu vois les malheurs de me. freres,
„ nous fommes la proie d'un jeune homme qui
„ nous regarde comme un bien qu'il peut diffi-
„ per & confumer à fon gré. Parmi les nom-
„ breux enfans qui t'implorent dans ces vaftes
„ contrées, un feul les opprime tous. Venge-
„ nous du tyran, venge nous des traitres qui
„ l'ont porté fur le trône fans examiner s'il étoit
„ jufte.

Ranguildas s'approche du Banian & lui dit:
„ O toi qui maudis ma vieilleffe, écoute fi je
„ fuis coupable : c'eft ma confcience qui m'a
„ trompé. Lorfque j'ai rendu l'héritage au fils
„ de mon Souverain, lorfque j'ai expofé ma
„ fortune & ma vie pour établir fon pouvoir;
„ Dieu m'eft témoin que j'ai cru me conformer
„ à fes fages décrets, & qu'au moment où j'ai
„ entendu ta priere, je béniffois encore le Ciel
„ de m'avoir accordé dans mes derniers jours
„ les deux plus grands biens, le *repos* & la
„ *gloire.*

„ *La gloire*, dit le Banian : apprenez, Ranguil-

,, das , qu'elle *n'appartient qu'à la vertu, & non à*
,, *des actions qui font éclatantes fans être utiles aux*
,, *hommes* ; ;ch ! quel bien avez-vous fait à L'In-
,, doftan , quand vous avez couronné l'enfant
,, d'un ufurpateur ; aviez-vous examiné s'il fe-
,, roit le bien ? s'il auroit le courage & la vo-
,, lonté d'ètre jufte ? les lumieres qui font dif-
,, cerner la vérité à travers les préjugés , les
,, paffions & les courtifans ? vous lui avez , dites-
,, vous , rendu l'héritage de fes peres ; *comme fi*
,, *les hommes pouvoient être légués & poffedés à la*
,, *façon des terres & des troupeaux.* Ne préten-
,, dez pas à la gloire, Ranguildas ; ce feroit vou-
,, loir que de foibles agneaux béniffent les
,, mains avares qui les livrent à des bouchers
,, impitoyables ; que fi vous voulez de la recon-
,, noiffance, allez la chercher dans le cœur de
,, Babar ; il vous la doit : vous l'avez achetée
,, affez cher !pour le bonheur de tout un
,, peuple. ''

Je ne fais fi ce fait hiftorique eft vrai : mais
s'il ne l'eft pas, celui qui l'inventa le premier,
a des droits fur la reconnoiffance de tous les
hommes ; les apologues les plus célebres de l'antiquité n'offrent pas une morale auffi belle,
auffi utile, & c'eft un ouvrage vraiment noble

que

que celui de mettre en action de pareilles maximes.

O Princes, le mot *charge* emporte avec lui l'idée d'un *devoir*, plutôt que d'un *honneur*; une *grande charge* est donc *un grand devoir*. Songez que vous n'êtes que des hommes. L'heure qui fuit d'un pas rapide pour vous comme pour tous les humains; les maux qui vous assiegent; les besoins qui vous enchaînent comme le dernier de vos sujets, vous le rappellent à chaque instant... j'en appelle à vous :... seroit-il donc vrai que l'homme est né pour être persécuté ? Si la Nature ne le destina pas aux vexations & à l'esclavage, quel être monstrueux qu'un intolérant, un tyran, un Despote ! Nous ne faisons que passer ici-bas ; un cœur honnête ne se persuadera jamais que notre personnalité soit l'unique objet de ce passage, & tant que la Nature nous accorde de la durée, elle a sans doute une autre désignation. (1)

---

(1) „ La fourmi glorifie la main qui l'a faite ; mais „ ce n'est point par des *auto-da-fés* ; c'est en se bâtissant „ des demeures, en remplissant ses magasins de ré- „ coltes ramassées de toute part avec un travail infa- „ tigable, en procréant des fourmis qui vont à leur

Les Princes ont de grands moyens d'être mauvais , mais ils en ont aussi d'être bons ; puisque l'histoire traite presque toujours de leurs semblables. Or c'est pour la conduite que l'expérience est réellement la boussole de l'humanité ; & le bon sens doit tirer des faits les résultats & les principes que l'historien n'ose pas écrire.

Un établissement vraiment utile, & digne d'être admis dans un pays libre où l'on trouve encore des hommes , feroit un tribunal d'histoire, (1) qui, dégageant chaque fait des illusions dont les historiens l'ont obscurci, montreroit le Despotisme toujours oppresseur & détesté , toujours inquiet & menacé , foulant les esclaves , dépouillant la terre qui les porte , luttant contre

---

» tour fonder de nouvelles colonies ; ô homme qui
» que tu soit, ta patrie est ta fourmilière ; imite la
» fourmi : si tu y es de trop , va chercher un autre
» terrein , où il y ait de la place pour toi & les tiens ;
» si tu y rencontres de tes semblables ne les massacre
» pas ; ne les fais point servir à ta mollesse , à ton
» avidité , à ton ambition ; mais fois leur triptoleme ;
» & ne leur amene pas des moines. "

(*Fragment de l'allemand de M. Muller.*)

(1) La Chine nous donne seule ce bel exemple.

la nature, ses forces, ses richesses, ses ressources, & toujours son propre destructeur après
avoir tout ravagé.

C'est à cette école de vérité que les Princes
apprendroient „ que la liberté apporte des béné-
„ dictions en dépit de la Nature, & qu'en dépit
„ de la même nature la tyrannie apporte des
„ malédictions ; que l'esclavage a toujours pro-
„ duit de la lâcheté, des vices & de la misere, ” *
& qu'il n'est pas une seule époque de la décadence d'un Etat, qui ne se rapporte à l'altération intérieure de sa liberté. En effet, le Gouvernement a tant d'influence sur les opinions
& les préjugés ; & ceux-ci donnent inévitablement aux hommes, à tout un siecle même,
une si puissante impulsion, que les efforts du
Despotisme, & l'abrutissement inséparable de
la servitude doivent bouleverser ainsi la société.

Mais où trouver des philosophes capables de
reprendre les Grands & de défendre les hommes ?
Le courage qui fait braver le danger des armes
est le plus commun de tous, & cependant le plus

----

* *Gordon , disc. sur Sallust.*

eftimé; le courage de principes, de conduite &
de mœurs eft bien autrement rare & précieux.
Nous *n'ofons* pas penfer autrement que tous les
autres, quand il y a du danger à lutter contre
l'opinion générale; nous *ne favons pas même* penfer autrement que tous les autres, quand les
inftitutions fociales nous ont imbus des préjugés,
que les ambitieux & les maîtres nourriffent avec
foin; l'efprit imitateur (1) adroitement fomenté
par eux, devient l'efprit univerfel; or l'efprit
imitateur eft en tout genre l'ivraie du génie; il
étouffe également les lumieres & les principes.
Les ames s'énervent, les têtes s'affoibliffent, les
devoirs fe dénaturent: tout fuit l'impulfion du
Defpote & le torrent de la fervitude. *L'obéiffance
paffive* devient à la mode, comme l'amour de
la liberté étoit la vertu plus commune dans des
tems plus heureux & fous des gouvernemens
moins arbitraires.

Il eft même bien difficile que la liberté une

---

(1) J'entends ici le mot *imitateur* dans fon acception la plus ordinaire; car fi l'on difcutoit fon acception rigoureufe, il eft certain qu'il eft impoffible d'a-
voir une idée ni d'imaginer une forme qui n'imite rien.

fois altérée rétrograde , & que le Despotisme
s'arrête dans ses progrès avant la révolution
qui produit des hommes , qui met chacun à sa
place , qui venge les nations & l'humanité ; car
le Gouvernement & les circonstances forment
& développent les citoyens moins qu'ils ne les
dénaturent.

Un homme seroit banni, exilé, chassé d'une
république, il seroit toléré dans une monarchie ;
il y auroit peut-être même quelque emploi ; il
gouverneroit dans le Despotisme ; ce seroit le
même homme, il ne différeroit en rien de lui-
même : il n'y a de différence que dans l'arrangement que ces divers Gouvernemens donnent à
chaque individu.

Renversons cette gradation. Ce même homme
tourmenté , mis à mort dans le Despotisme,
subsisteroit dans un état médiocrement administré : dans la république, il seroit un Dictateur
Romain. Cette proposition est la même que la
précédente.

Nous avons en général bien plus de souplesse
& d'élasticité que de consistance & d'énergie ;
les hommes supérieurs décelent eux-mêmes ce
penchant, à l'imitation commune à l'humanité ; &
le génie le plus grand, si ce n'est le plus sage ,

eft celui qui s'éleve le plus au-deffus de fon fiecle ; mais il eft toujours *rappetiffé* , fi l'on peut s'exprimer ainfi , par l'influence des erreurs générales qu'il trouve accréditées. Charlemagne, dont on a dit avec tant de juftice & d'énergie : qu'il *étoit grand parmi les hommes & qu'il éleva fon fiecle en le mettant à fes pieds* * : Charlemagne étoit profondément occupé de la difcuffion des héréfies les plus futiles , & prefque enchaîné par toutes les fuperftitions de fon tems. (1)

L'homme ballotté & conduit au gré de fes paffions eft dépendant en raifon de leur mobilité ; il obéit au moment où il croit commander : il

---

* *Lettres fur la dépravation de l'ordre légal.*

(1) J'en citerai une preuve finguliere que je choifis entre un grand nombre d'anecdotes de ce genre , qu'il feroit aifé de rapporter.

Il y eut un procès entre l'Evêque de Paris & l'Abbé de St. Denis , plaidé devant Charlemagne. Celui-ci renvoya ce procès au jugement de la Croix.

Deux champions fe tinrent pendant la célébration de la meffe les bras étendus en croix , celui de l'Abbé St. Denis fut plus robufte ; celui de l'Evêque de Paris laiffa tomber fes bras ; Charlemagne adjugea gain de caufe à l'Abbé de St. Denis. (*Mabillon* , *de re. dipl. L.* 9. *p.* 4. 8.).

s'enchaîne pour se satisfaire ; & le Despote, asservi lui - même à tant de choses dont il est forcé de subir la loi , peut-être plus esclave que le moins libre de ses sujets , ne parvient à être maître qu'en déguisant ses premiers efforts, & gagnant des complices , qui font bientôt des succès de son Despotisme leur propre succès. Alors. tout concourt à la corruption ; & c'est malheureusement là le ferment le plus facilement excité parmi les hommes. *Comme les corps croissent avec lenteur & sont détruits en un instant , de même il est plus aisé d'étouffer la lumiere & le courage que de les rappeller* (1), dit un grand philosophe pratique.

Il est facile, par exemple, d'amollir les hommes & de les corrompre par le *luxe* & toutes ses séductions ; mais il est impossible de leur rendre le courage une fois qu'il est détruit. De tous les moyens que peut employer un Despote pour parvenir à son but, la faveur accordée *au luxe* est sans doute le plus efficace ; car la violence n'a qu'un succès incertain & passager, & le feu

---

(1) *Corpora lentè augescunt, citò extinguuntur ; sic ingenia studiaque oppresseris faciliùs quàm revocaveris.*

(Tacit. vit. Agricol.)

H 4.

périt avec tout ce qu'il a confumé. La violence détrompe une nation, la réveille & hâte fa révolution ; mais il n'eft point d'homme qui ne préfere des jouiffances commodes & recherchées à une vie dure & agrefte ; je fais qu'on ne peut pas rigoureufement appeller *luxe* toutes les *jouiffances recherchées* : je n'ignore pas que le luxe renferme toutes les dépenfes nuifibles à la reproduction, fuffent-elles groffieres ; tandis que des jouiffances très-délicates peuvent n'être que de fafte, fi elles ne font pas nuifibles à cette reproduction ; mais je prétends qu'elles le font toujours aux mœurs, qui ne fe corrompent jamais à demi; telle eft notre nature : la modération eft pour nous une gêne ; nul ne fait s'arrèter : le tyran guette & profite de l'inftant d'ivreffe générale qui doit fafciner tous les yeux. Les chaines embellies ne font plus des chaines : peu d'hommes voient d'affez loin pour craindre les fuites de la molleffe ; moins encore font affez modérés, pour que la crainte de l'avenir contrebalance en eux l'appas du moment ; la cupidité exerce fon empire, parce que le befoin des jouiffances aiguillonne tous les cœurs, la molleffe énerve au phyfique & au moral ; on devient peu délicat fur les moyens ; on foule aux pieds les

principes ; & le defir de féduire des profélytes eft
le dernier degré de la corruption, & l'un de
fes périodes les plus certains.

Ainfi la contagion gagne de proche en proche ;
l'épidémie devient bientôt générale ; & dès qu'un
gouvernement a introduit *le luxe* & la molleffe
qui le fuit toujours, (1) la liberté & l'Etat font
perdus ; parce que les hommes ne rétrogradent
jamais de la molleffe aux vertus mâles, feuls
foutiens des Etats, & défenfeurs de la liberté.

Tous les faits hiftoriques viennent à l'appui
de ce principe.

C'eft le mot d'un homme de génie que celui
de Mr. Boffuet. „ La Perfe, attaquée par Alexan-
„ dre & par une armée telle que la fienne, ne
„ pouvoit pas éviter de changer de maître. "

En effet l'on n'a guere confidéré dans la conquête d'Alexandre, qu'un événement extraordinaire & capable d'attirer l'admiration & l'étonnement de tous les hommes ; & l'on ne s'eft point

-----

(1) *L'or eft*, dit-on, *un mauvais maître & un bon
valet.* Ce proverbe eft vrai, non-feulement pour un
avare, mais encore pour un Etat, de quelque efpece qu'il
foit ; dès que l'or y donne des préférences, les mœurs
fe perdent, & enfin l'Etat.

avifé de rabattre ce grand événement à fa jufte
valeur ; c'eft-à-dire , de remonter à fes véritables
caufes , & de juger cette révolution d'après les
connoiffances qui nous reftent de l'aminiftra-
tion de la Perfe, plutót que d'après l'étendue des
terres conquifes.

Sans entrer dans des difcuffions longues ,
épineufes & incertaines , après lefquelles chacun
refte dans fon opinion , (1) ne décidons que
d'après les événemens les mieux conftatés.

Je ne m'arrèterai point aux fameufes batailles
de *Marathon*, *de Salamine* & *de Platée*, origine
de cette haine implacable qui anima pendant
plus d'un fiecle les Perfes contre les Grecs ; je
ne décrirai pas ces fuccès prefque incroyables &
leurs fuites étonnantes. Mais rappellons - nous
qu'*Agéfilaüs* , à la tète des forces de la feule république de Lacédémone , fit trembler *Artaxerxès*
fur fon trône ; il étoit déja maître de l'Afie mi-
neure quand la jaloufic des voifins *de Sparte*

---

(1) „ Un homme, dit Montaigne , défend fes lu-
„ mieres , ou comme vraies ou comme fiennes ; & de
„ quelque façon que ce foit , il forme cent oppofitions
„ contre celui qui le veut convaincre. ”

fomentée par l'or du Defpote afiatique, le força
à voler au fecours de Lacédémone affaillie.

Les Rois de Perfe auroient plutôt tari les
fontaines de la Grece par le nombre de leurs
foldats, qu'ils n'auroient foumis une poignée
de Grecs libres. La Perfe ne fut garantie pendant
150 ans des invafions de fes ennemis, qu'en
achetant fans ceffe la tranquillité, & femant
la zizanie dans ces petites républiques en-
vieufes.

Mais Alexandre fuccédoit à Philippe, qui avoit
employé tout fon regne à fe rendre maître de
la Grece; cet heureux conquérant n'avoit donc
plus à craindre les ligues & les événemens of-
fenfifs, qui l'euffent contraint de rétrograder.
La Grece abattue n'étoit plus capable d'en concevoir le projet; elle l'étoit bien moins encore
de l'exécuter; puifque *Antipater*, politique &
Général habile, étoit chargé de veiller fur les Grecs
& de les contenir. Il étoit alors phyfiquement
impoffible que ce vafte Empire, couvert d'efclaves
amollis, réfiftât à 40000 hommes aguerris, conduits avec enfemble par un homme de génie.
Peut-être le feroit-il à l'Empire Ottoman, malgré la différence incalculable que la poudre a
introduite dans la guerre moderne.

Une pareille révolution n'eft pas plus incroyable qu'elle n'eft unique. Les mêmes effets eurent
toujours & auront tôt ou tard les mêmes caufes;
le Defpotifme a été facilement terraffé dans tous
les tems & tous les pays.

10000 Grecs qui avoient fuivi Cyrus jufqu'à
Babylone, en butte à la faim, aux rigueurs de
la faifon, arrêtés par des fleuves, fuivis par une
armée nombreufe, fouvent harcelés par des
hordes de barbares, traverferent ainfi l'Afie mi-
neure & firent 600 lieues fans qu'aucun Perfe
ofât les attaquer. Les Romains combattirent 400
ans pour fubjuguer la libre Italie. Si tout l'Univers leur eût oppofé la moindre réfiftance, ils
feroient devenus modérés ou auroient été détruits.

Les Vandales au nombre de 30000 * ravagerent & conquirent en moins de deux ans l'Afrique entiere dès long-tems énervée par le joug
Romain.

Les Efpagnols, le feul peuple méridional, fi
l'on en excepte cependant les Corfes, qui ait fu
défendre fa liberté : les Efpagnols, dis je, qui

---

* ils n'étoient pas même 30000 en 428.

lutterent si opiniâtrément contre les conquérans
du monde , furent tellement dénaturés parla
servitude , que les Vandales acheverent la conquête de l'Espagne en moins de deux ans , * &
diviserent par la voie du sort ce malheureux
pays.

40000 (1) Portugais ne firent-ils pas trembler à la fois l'empire de Maroc , les barbares
d'Afrique, la célebre milice des Mammelus , les
Arabes , tout l'orient enfin depuis l'isle Dormuz
jusqu'à la Chine ?

Guillaume le Conquérant avec moins de 60000
hommes ose affronter toutes les forces de l'Angleterre , & envahit après une seule bataille ce
vaste pays énervé par le joug Danois ; † & qu'on
ne dise pas que ce Prince attaquoit un Etat dénué
de forces & de ressources ; l'Angleterre , délivrée
depuis cinquante ans de la guerre & des incur-
sions Danoises , fleurissoit sous l'administration

---

* *Ils y entrerent en* 409.

(1) Les Portugais avoient alors tout le nerf de la chevalerie , & sur-tout ils jouissoient du bonheur d'avoir
des Rois véritablement chefs & premiers gentilshommes
de la nation.

† 1066.

de *Harold*, Prince chéri de la nation , remarquable par fes talens & fon activité , & qui avoit
eu le tems fous le long regne du foible Edouard,
d'affermir fon crédit & fa puiffance déja très-
confidérables ; mais le coup étoit porté ; les armes
Danoifes & fur-tout l'anarchie féodale qui n'eft
autre chofe que le Defpotifme réparti fur plufieurs têtes , avoient porté une atteinte mortelle
aux forces nationales.

Scanderberg , plus puiffant par fon génie & le
defir irréfiftible de recouvrer la liberté , que
par fa force prodigieufe , fa bravoure & fes droits
au trône , fait trembler le puiffant Amurat &
fon fils , * & repouffe fans ceffe avec une poignée
d'Albanois toutes les forces Ottomanes qui viennent échouer devant la capitale ** de *l'Albanie* ,
quelques réfugiés † fuyans , pour ainfi dire au
fein des eaux, la tyrannie des Efpagnols , réfiftent
à cette nation, alors la plus guerriere de l'Univers , l'humilient fur terre & fur mer , & fondent
un Etat puiffant , long-tems le plus floriffant de
l'Europe ; & qui , refferré par des puiffances

____

* *Mahomet II. XVe. fiecle.*
** *Crota.*
† *Les Hollandois.*

trop fortes & trop politiques pour laisser agrandir son territoire, a opéré des miracles sur l'Océan plus étonnans que ceux des Romains sur la terre.

Si *Montézuma* n'eût pas été un tyran, les Mexicains auroient noyé le petit nombre de *brigands* qui, dans le XVIe. siecle, vinrent les égorger sous la conduite du *célebre brigand*, nommé *Cortès*. Jamais celui-ci n'eût pénétré à *México;* parce qu'il n'auroit pas trouvé des pays déserts, ou des peuples mécontens ; les Mexicains auroient eu plus d'ensemble, & auroient été mieux conduits par tant de caciques, qui n'auroient pas grossi de leur défection le parti de Cortès.

Charles XII a renversé de nos jours, à la tête de 8000 Suédois, 120000 Esclaves Russes, qui font trembler aujourd'hui d'autres Esclaves.

Mirweis fit capituler avec une petite armée dans Ispahan toutes les troupes de la Perse rassemblées sous les yeux du Despote.

En un mot, si les fastes du monde nous montrent le Despotisme luttant sans cesse contre la liberté, ils nous offrent aussi la liberté renaissante de ses ruines, terrassant le Despotisme, fût-il défendu par une multitude d'Esclaves soudoyés.

Le véritable triomphe d'Alexandre n'eſt donc
pas d'avoir renverſé un Empire que ſa conſtitution attaquoit de concert avec lui.

Il ne l'eſt pas davantage d'avoir oſé ce que
d'autres hommes n'avoient pas même imaginé
poſſible ; reproche inſenſé que tant d'ecrivains
ont répété contre lui ; car c'eſt-là préciſément le
propre du génie ; & d'ailleurs *Socrate*, long-
tems avant l'expédition d'Alexandre, avoit con-
ſeillé la conquète de l'Aſie, & prouvé ſa poſſi-
bilité.

Mais celui qui réunit à 24 ans le commerce
du monde dans Aléxandrie (1) ; celui qui força
l'Univers étonné à ſuivre l'impulſion de ſon
génie ; celui qui trouva le point de communica-
tion, & pour ainſi dire, de jonction à l'Europe,
l'Afrique & l'Aſie, c'eſt-à-dire, au monde alors
connu ; celui-là, dis-je, étoit un grand homme,
quand il n'auroit pas été le général le plus ha-
bile & le meilleur politique de ſon tems, comme l'a très-bien vu M. de Monteſquieu,
qui

------

(1) Je remarquerai à cette occaſion que *Morery* ni
Baile lui-même n'ont pas daigné citer à l'article d'*A-
lexandre*, la fondation d'Alexandrie.

qui dit en habile obſervateur : *on a aſſez parlé de la valeur de ce héros, parlons de ſa prudence.* Alexandre ſavoit que le Deſpotiſme n'eſt qu'un coloſſe effrayant de loin (1), ſoutenu ſur une baſe d'argille, & d'autant plus foible qu'il eſt plus arbitraire, c'eſt-à-dire, plus oppreſſeur & plus inſenſé ; cette vérité frappante dont l'habile & prévoyant Auguſte étoit pénétré lorſqu'il conſeilloit aux Romains de *reſſerrer les bornes de l'Empire* (2) ; cette vérité, dis je, inſpira au héros Macédonien le projet de la plus grande

---

(1) M. de St. Evremont, homme inſtruit & ſouvent obſervateur ingénieux, s'eſt permis d'écrire cette étrange bévue : „ l'expédition d'Alexandre eſt quelque choſe „ de plus, que ſi aujourd'hui la République de Gênes, „ celle de Lucques & de Raguſe entreprenoient la con- „ quéte de la France. " M. de St. Evremont n'a pas voulu copier ſervilement beaucoup d'écrivains qui n'ont vu dans Alexandre qu'un téméraire. Son parallele lui a paru neuf & ſingulier ; il l'eſt en effet.

(2) *Addideratque conſilium coërcendi intra terminos imperii, incertum metu, an per invidiam,* (annal. lib. 1.) dit Tacite en parlant du journal de l'Empire, écrit de la main d'Auguſte ; il dit encore dans la vie d'Agricola : *conſilium id divus Auguſtus vocabat, Tiberius præceptum.*

I

révolution, que l'histoire nous ait transmise.

Il connut assez bien le Despotisme pour oser l'abattre. Tout & tous y concoururent, comme il l'avoit prévu ; car il ne faut pas oublier que le mécontentement des Perses autant que leur mollesse les rendit faciles à vaincre, & que ce sont eux qui ont tué Darius. Alexandre fut assez grand & assez habile pour dédaigner le Despotisme, également avant & après la conquête; il avoit reçu des mains de son pere une armée exercée & aguerrie, & de celles de la Nature un génie trop militaire pour ne pas savoir que son premier essor & son véritable chef-d'œuvre consiste à former une armée, & qu'un homme de guerre peut tout espérer de troupes bien disciplinées (1) contre les *Strelitz* mercenaires des Despotes.

C'est dans les suites, & non pas dans les dé-

____

(1) Quels prodiges n'ont pas exécuté le grand Gustave, le célebre Charles XII, envers lequel l'on est injuste, & leurs fameux Généraux avec des troupes qu'ils avoient couvertes du bouclier terrible de la discipline & de la confiance ? Que n'avons - nous pas vu faire de nos jours au Roi de Prusse, avec une armée, sinon aguerrie, puisqu'elle n'avoit jamais fait la guerre, du moins créée & maintenue par les loix de la discipline.

tails des conquêtes, qu'il faut juger le vain-
queur.

Il faut pour être conquérant une armée for-
mée, du génie, & les circonſtances d'une adminiſtration tyrannique ou anarchique, qui pré-
pare la révolution qu'on oſe projetter. Mais il
faut beaucoup plus pour conſolider une conquête
& la rendre utile.

Céſar, bien plus étonnant qu'Alexandre par ſa
ſcience militaire, comme par tous les talens qui
ſemblent le mettre hors du niveau des autres
hommes, (1) forme des troupes ; il ſent tout ce
qu'il peut eſpérer de la criſe de corruption &
d'anarchie où ſa patrie ſe trouve plongée ; à peine
a-t-il accoutumé ſes légions à ſon génie, qu'il
dompte des eſſaims de barbares furieux, aguerrris,
qu'il ne pouvoit ni diviſer ni gagner, qu'il
falloit combattre, & que leur climat, leur pays
difficile, leur méthode de guerre ſubite, impé-
tueuſe, inuſitée, favoriſoient à l'envi. (Expédition, ſi j'oſe hazarder ici mon opinion, bien
plus admirable que la conquète d'un Empire qui

____

(1) *Summus autorum*, dit Tacite, qui devoit s'y
connoître, en le citant ſur une matiere qu'ils avoient
traitée tous deux. (*de Moribus Germanorum.*)

s'étendoit cependant depuis la méditerranée jufqu'aux Indes ;) enfin pour dire encore plus, s'il eft poffible, Céfar terraffe prefque fans difficulté Pompée & les Romains, & fe place fur le fiege de la Dictature, d'où il auroit peut-être adouci l'efclavage de fes compatriotes, fi la main d'un républicain ne l'eût arrèté au milieu de fa carriere.

Il eft inutile de rappeller les preuves nombreufes, que nous offriroit l'hiftoire, de la foibleffe du Defpotifme.

On ne peut, fans un délire inconcevable, ou une mauvaife foi bien odieufe, croire au *fabre invincible* des Defpotes ; celui qui entend au fens naturel ce célebre mot : *Dieu eft pour les gros bataillons* : eft un *fot* ou un *lâche.* (1) Si cet axiome

---

(1) Ce mot eft de Turenne, qui n'étoit certainement ni l'un ni l'autre ; & qui n'a jamais voulu commander une armée nombreufe. Auffi la *fottife* eft-elle à ceux qui entendent ce mot *des armées*, tandis que Turenne ne l'entendoit que *du choc des bataillons en colonne*, où la force dépend de la profondeur de la colonne. Le bataillon le plus épais & le mieux ordonné dans fa profondeur, fût-il compofé de moins bons foldats, culbutera toujours le moins épais, fût-il compofé de

ridicule, démenti dans tous les tems & tous les pays, pouvoit jamais être vrai, les Perses n'auroient-ils pas englouti la Grece ? Et quelles conquêtes n'eussent pas fait un million de croisés qui se précipiterent ensemble sur l'Orient ? (1)

Trois vastes empires offrent encore à l'Univers l'administration arbitraire réduite en principes ou plutôt non déguisée, la Turquie, la Perse & le Mogol.

La Turquie, dont l'immense territoire effraie l'œil égaré sur trois parties du globe ; la Turquie, à qui la Nature a prodigué le sol le plus précieux & le climat le plus fortuné ; la Turquie se dissout en lambeaux & croule sous son propre poids, sans autres secousses violentes que celles

---

troupes supérieures ; car l'Auteur de la Nature a voulu que 6 ou 8 ou 10 ou 12 hommes poussassent plus fort que trois ou quatre.

On trouvera dans Boursault le mot qui a occasionné cette note, attribué au Maréchal de la Ferté ; mais il est de Monsieur de Turenne.

(1) La premiere bande, & pour ainsi dire l'avant-garde, étoit de 300000 hommes ; & dans la revue faite sur les rives du Bosphore, le corps de bataille se trouva de 700000 combattans.

d'une adminiftration arbitraire & fpoliatrice. Son
Prince faftueux, qui fe fait nommer *Dieu en
terre*, ne l'eft pas même au fond de fon ferrail;
& l'invifible diftributeur des couronnes verra bientôt en effet fes vaftes déferts démembrés &
envahis.

La Perfe, deftinée par la Nature à être auffi
riche & auffi féconde qu'aucune autre contrée
de l'Univers, couverte d'une infinité de richeffes,
& d'un peuple induftrieux & doux, fuccombe
fous le faix de fon Defpotifme, & eft en proie
à toutes les convulfions des troubles intérieurs
qui l'agitent.

Le Mogol enfin dont le territoire eft auffi
fertile qu'étendu ; le Mogol, qui entaffe des millions (1) & couvre fes vaftes poffeffions d'une
tourbe innombrable d'efclaves, eft envahi & prefque détruit par une poignée de républicains.

Tels furent & tels feront toujours les effets
des hoftilités d'une autorité ignorante & aveugle, qui ne connoît de bornes qu'une volonté
arbitraire & fantafque, qu'une avidité infatiable
& cruelle, & qui fe détruit fans parvenir à
s'affouvir. Tous les Defpotes ont été trompés

---

(1) On dit que le Sophi à 900 millions de revenu.

par les mêmes illufions , & ont opprimé les
hommes par les mêmes moyens.

C'eft là cependant le régime dévorant & meurtrier que des Princes appellés à gouverner un
peuple puiffant, fidele & généreux tant qu'il fût
libre , ou du moins, tant qu'on refpecta les vefti-
ges de fon antique liberté ; c'eft là le régime
que ces Princes ont réduit en fyftème, dans un
fiecle où la philofophie s'appliquant enfin à l'interprétation des loix de la Nature , & portant
fon flambeau fur les faits hiftoriques qui conf-
tatent les ravages d'une adminiftration oppref-
five , a appris aux hommes , que leurs *droits*
paffent auparavant les *fermens* prononcés en
faveur de la confervation de ces droits , & dé-
montre aux Princes que la tyrannie ne fauroit
produire au tyran que des fruits amers , & détruit tôt ou tard toute puiffance & toute
fûreté.

Il fut de nos jours un Roi qui trouva fon
autorité très-ébranlée en apparence ; car la moitié
de fes peuples avoient les armes à la main contre
fes miniftres ; mais elle étoit très-folide , car elle
étoit gravée dans le cœur de fes fujets ; il ou-
blia les fervices des Grands , pour fe fouvenir
des injures qu'ils avoient faites à fon miniftre,

& les regarda comme perfonnelles; il énerva toute autorité dont il n'étoit pas le collateur immédiat, parce qu'il ne voyoit de bonne-foi rien au-deſſus de ſon autorité : il ſembla vouloir imiter les ſculpteurs, qui d'un bloc de marbre ou d'un figuier font un *Jupiter*. Il crut qu'avec ſa *pleine puiſſance*, ſon *autorité Royale & ſon bon plaiſir*, il feroit d'un homme de robe un Miniſtre de la guerre, d'un Edit une ſource de richeſſes, &c. Il réunit tout le nerf encore exiſtant de la nation, & le fit ſervir à ſa gloire & à celle de ſa maiſon, qu'il détacha toujours, faute de lumieres, de la gloire & des véritables intérêts de ſon état. Il vécut aſſez pour éprouver qu'il ne pourroit jamais ſuffire par ſon autorité à tout ce que faiſoient les Grands, quand ils étoient répandus dans le Royaume, & que l'autorité arbitraire affoibliſſoit ou détruiſoit tous les reſſorts & n'en remplaçoit aucun.

La vertu militaire, par exemple, fut détruite en France ſous ſon regne (1) auquel elle donna

---

(1) „ Qui nous pourroit joindre à cette heure, & „ acharner à une entrepriſe commune tout notre peu- „ ple; nous ferions refleurir notre ancien nom mili- „ taire. ”

tant d'éclat ; en vain objecteroit-on les victoires de nos armes fous ce Prince ; au déclin de fon âge fes armées furent battues prefque par-tout ; & d'ailleurs il eft aifé d'appercevoir que, dans un grand Etat, les caufes morales ne font fentir leurs effets qu'au bout d'un certain tems. La vertu militaire eft la vertu d'un particulier qui s'applique enfuite à tous les métiers auxquels on veut l'employer. Quand les mœurs d'un Etat changent, toutes les partiesqui le compofent changent auffi. Il eft vrai que les barrieres different de quelque tems l'épidémie ; mais les combats contre l'opinion générale font défavantageux (1) & l'on finit toujours par céder.

———————————

C'eft le contemporain d'Henri IV qui parle ainfi : qu'eft donc notre nom militaire aujourd'hui, fi nous étions déja déchus ?

(1) La vertu d'*Epiménide*, après fon fommeil de 30 ans, eût paru bien bizarre, fi fon barbier & fon tailleur ne l'euffent rendu vertueux à la mode du jour. Nous fommes obligés pour notre bien, & prefque pour notre honneur, de vivre relativement à ce que nous trouvons d'établi. Un Officier qui eût mis fon habit uniforme un jour de bataille, eût été déshonoré il y a 40 ans : un Officier qui ne le mettroit pas aujourd'hui, feroit regardé comme un fol, indépendamment de l'Ordonnance.

La vertu qui neſt pas fondée en principes n'eſt qu'un mot vague, & ſes *geſtes*, ſi j'oſe m'exprimer ainſi, ne ſont qu'une *attitude d'imitation*. C'eſt la vertu de preſque tous les hommes & de tous les ſiecles, & ce fut celle qui valut au regne du magnanime Louis ce ton de grandeur dont il avoit donné l'impulſion & l'exemple, & qui nous a ſi long-tems abuſé ; mais cette grandeur factice, que des *faiſeurs de vers* ont rendue ſi célebre, étoit fondée ſur des moyens violens & demeſurés. Elle devoit tout briſer, & c'eſt ce qui arriva.

Le Monarque, auſſi romaneſque qu'abſolu, & qu'à ſi juſte titre on a comparé au lion de la fable défaillant & aſſailli, Louis XIV, trompé par une femme hypocrite, haineuſe, & par des caffarts, ſe vit au moment de ſuccomber ſous les coups des ennemis qu'il avoit bravés ſi long-tems ; il étoit perdu ſans les efforts généreux de ſon peuple, & quelques frivoles tracaſſeries des cours ennemies.

Nul n'oſoit le détromper. Trahi par tous ceux qui l'entouroient de plus près, il prépara à ſon Etat une révolution que l'épuiſement de ſes ſujets, & peut-être auſſi la lâcheté à laquelle il les accoutuma, empêcha d'être ſanglante, &

rejetta toute entiere fur l'or qu'il avoit fait prévaloir. Son teftament fut méprifé par fes fujets,
qui crurent être heureux, pourvu qu'ils évitaf-
fent d'obéir au Defpote mort. Il ne fe trouva
parmi tous les Prètres & les dévots, à qui
fa maîtreffe avoit confié {l'autorité, aucun
homme qui ofât fe montrer ferme& reconnoiffant.
On laiffa le Defpotifme entre les mains de l'homme qui avoit le cœur gâté & l'efprit le plus
faux, (1) quoique le plus perçant, le moins de

---

(1) Qui croiroit jamais, fi le fait n'étoit pas conftaté,
que la banque de Laws fut portée à fix milliards, cent
trente-huit millions, deux cents quarante-trois mille,
deux cents quatre-vingt-dix livres, foit en actions de la
Compagnie des Indes, foit en billets de la banque? tandis qu'il n'y avoit dans le Royaume que douze cents
millions d'efpeces, à 60 liv. le marc, & que malgré la
réduction de 600 millions d'effets au porteur à 250 millions de dettes d'Etat, la dette nationale fe monta à la
mort de Louis XIV à deux milliards, foixante & deux
millions, cent trente-huit mille une livres, à vingt-
huit livres le marc; laquelle dette portoit des intérêts
au denier 25, montant à quatre-vingt-neuf millions,
neuf cents quatre-vingt-trois mille, 453 livres.

Une pareille erreur décele affurément un homme;
mais le régent avoit une facilité de travail, qui prouve

connoiſſances des reſſorts du Gouvernement &
des intérêts de la nation. Cet homme leva le
maſque de tous les vices à la fois ; & comme
tous les cœurs avoient été corrompus par le
ſyſtème de Gouvernement précédent, tous les
viſages oſerent montrer ſous la nouvelle autorité, d'un bout du Royaume à l'autre, tous les
vices des cours.

C'eſt là que les hommes puiſent les deux plus
puiſſans vices de l'humanité, qui ſont *la baſſe
cupidité* & *l'orgueil* non moins vil. De ce mêlange il ne peut réſulter qu'un ſcélérat ſot &
inſolent. (1)

Ainſi toute pudeur & toutes mœurs furent
perdues, les mauvaiſes mœurs ſont le plus grand
mal d'un Etat, parce qu'elles annoncent la lâcheté des hommes, auſſi bien que la corruption
des femmes.

---

qu'il avoit l'*eſprit* très-perçant. On pourroit lui appliquer ce que Tacite diſoit de Piſon : *nemo aut validiùs
otium dilexit, aut faciliùs ſuffecit negotio magiſque
quæ agenda ſunt egit abſque oſtentatione agendi.*

(1) Auſſi ce ſignalement eſt-il à-peu-près de tout tems
celui des gens de cour.

Un Général de faveur, * lâche ou réputé tel
à la guerre ; un Prêtre honoré de la pourpre, *
faux, hypocrite & ambitieux, sous le masque de
la modération & de la bonhommie, sans mœurs,
sans talens, sans la plus légere apparence de
vertus pour compenser tous les vices ; ces hom-
hommes sont choisis (1) pour élever l'unique &
précieux rejetton d'une famille anéantie. (mettez un homme à sa place, il en restituera vingt
autres à leur place ; un seul homme déplacé pro-
cure cent candidats indignes.) La maltote & le
monopole prévalent ; le mérite est obligé de
céder aux richesses mal acquises ; & la France ne
peut plus résister à tant de maux, les mœurs,
premieres ressources des Etats, & peut-être unique base de la liberté, étant corrompues.

Cette ébauche effrayante & trop vraie, qui
n'est que le lointain de celle qu'une histoire plus
récente pourroit retracer, nous offre le tableau
des suites inévitables du Despotisme : il est avide,
car il faut qu'il assouvisse les fantaisies cupides

---

* *Villeroi.*
** *Fleuri.*

(1) Ce choix étoit de Louis XIV, & n'en étoit pas
meilleur.

du Defpote & de fes fatellites. Il pille , il engloutit
les biens , la fubftance de tous les efclaves qui
rampent fous fon empire ; une nouvelle fpolia-
tion fignale chacun de fes progrès , parce que
l'or y tient lieu de tout ; tous les refforts font
corrodés , vertu , force , courage , émulation ,
talens , génie : tout fe reffent de l'aviliffement de
l'ame : la corruption eft la mefure de la puiffance
du Defpote , & le gage d'impunité de fes fatellites (1). Le Defpotifme eft aux royaumes ,
ce que l'oifiveté eft aux particuliers ; c'eft à-
dire , le pere de tous les vices.

Le luxe vient contribuer à les étendre ; il naît
à l'aproche du Defpotifme , ou plutôt il eft un

____

(1) C'eft une chofe également révoltante & remarquable , que les immunités accordées en France aux publicains & à leurs fatellites. Entr'autres anecdotes que
je pourrois citer , j'obferverai feulement que l'art. 8
du titre 14. de l'Ordonnance de 1687 , qui regle depuis
cette époque tout ce qui concerne les Fermes , porte
expreffément : ,, que tous commis , commandans &
,, gardes . . . . feront reçus au ferment par le Juge des
,, droits royaux , dans le détroit duquel ils feront em-
,, ployés , *fans information de vie & de mœurs* , & fans
,, conclufions ni commiffions du fubftitut du Procureur-
,, Général fur les lieux. ''

des premiers échelons au pouvoir arbitraire, car la cupidité & la mollesse qu'il produit & nourrit sont les premiers symptomes & les plus puissans mobiles de la servitude : il le dévance, il l'introduit ; mais, rapide dans ses progrès, meurtrier dans ses ravages, il a bientôt englouti & l'oppresseur & l'opprimé.

O Rois qui mettez votre confiance dans le produit de vos exécutions tyranniques, qui détruisez toutes les vertus, qui amollissez tous les courages, qui pervertissez les mœurs, qui croyez que l'or vous donnera des esclaves, des maîtresses, des favoris, des ministres, des soldats, une grande puissance, tout en un mot : votre folle illusion sera déçue : vous avez tout concentré dans la possession de l'or ; vous en avez fait votre seul agent, comme votre unique idole ; vous avez dirigé toutes les passions vers ce métal destructeur. Hélas ! Dormissiez-vous sur des monceaux d'or, celui qui saura s'en saisir sera le maître de tout, & par conséquent le vôtre. (1)

----

(1) „ *Virtus, fama, decus, divina, humanaque pul-*
    „ *chris*

„ *Divitiis parent ; quas qui construxerit, ille*

„ *Clarus erit, fortis, justus, sapiens etiam & rex,*

„ *Et quidquid volet.* ”   (Horat. sat. 3. lib. II.)

Il sera puissant, *fort*, *obéi*, il sera le juge inéxorable ; il sera le bourreau du tyran dépouillé : on pille, on vole des trésors ; & ceux de Créfus ne le sauverent pas du bûcher ; mais l'amour des hommes, tôt ou tard, mais toujours acquis aux Princes justes ; les talens, le courage, la fidélité, toutes les vertus qui naissent aux approches de la liberté & fuient avec elle ; ces vertus restent, & ces richesses valent bien les autres.

J'ai dit que l'introduction du luxe étoit nécessaire aux progrès du Despotisme, & j'ajoute que l'on doit se méfier toujours du Gouvernement qui le protege & l'encourage. C'est le piege féducteur que les Despotes présenterent toujours aux hommes.

Les Princes ne peuvent assouvir la soif du pouvoir arbitraire, que je comparerois à la fievre du lion, si celle-ci du moins n'étoit passagere, sans atténuer par les suggestions de la cupidité & les amorces de la volupté, cette corruptrice infaillible & perfide, toutes les forces qui pourroient leur résister. *Voluptates* (1) *quibus Romani plus*

adversùs

, (1) Au texte *voluptatibus* ; Tacite qui a dit tant de

adversùs subjectos quàm armis valent, dit le pénétrant Tacite.

L'opinion la plus distincte & la plus opiniâtre
des sauvages de l'Amérique, c'est que l'homme
est né pour l'indépendance la plus absolue; car c'est
ainsi qu'ils conçoivent *la liberté*. Ils n'ont point
étendu leurs perceptions jusqu'à découvrir qu'on
augmente ses facultés, ses jouissances, ses denrées
en les échangeant; mais aussi les pieges insidieux
d'une autorité usurpatrice ne les ont pas énervés
par l'admission du luxe. C'est un très - grand
bien acheté par de grandes privations.

Je sais que les moralistes ont toujours déclamé
contre le luxe, & la corruption qu'il entraîne.
Mais cela n'est pas étonnant; car l'on n'a presque
conservé que les auteurs des *siecles polis*. & les
siecles polis sont précisément ceux qui ont ressemblé à celui-ci. Qu'on lise Tacite, & l'on sera sin-
guliérement surpris du rapport exact des mœurs
Romaines, sous les Empereurs, aux vices de
nos jours.

---

choses, dit encore : *ut homines dispersi ac rudes eoque
bello faciles, quieti & otio per voluptates assuesce-
rent ; idque apud imperitos humanitas vocabatur, cum
pars servitutis esset.*

K

C'eſt dans les ſiecles polis que l'on a dit que *tout étoit vénal à Rome.* (1)

C'eſt alors qu'on n'oſoit pas y compter *le péculat & les concuſſions* (2) *au nombre des crimes, tant l'exemple en étoit général.*

C'eſt alors qu'on auroit pu dire, en comparant les mœurs de Rome floriſſante à celles de Rome implacable ennemie des *Tarquins,* ce que Tacite avouoit long-tems après en parlant des agreſtes Germains, *que les bonnes mœurs avoient chez eux plus de force, que les bonnes Loix n'en avoient à Rome.* (3)

C'eſt à l'époque de l'introduction de la politeſſe, des arts & des talens littéraires dans cette célebre métropole du monde, qu'un habile ſcélérat s'écrioit : *O ville vénale, tu ſeras bientôt eſclave ſi tu trouves un acheteur !* (4)

---

(1) *Romæ omnia venalia eſſe.* (Salluſt. jugurtha.)

(2) *Non peculatus ærarii factus eſt : neque per vim ſociis ereptæ pecuniæ : quæ, quamquam gravia ſunt, tamen conſuetudines jam pro nihilo habentur ;* diſoit Memmius en haranguant le ſénat. (Salluſt. in jugurth.)

(3) *Plusque ibi boni mores valent, quàm alibi bonæ leges.* (Tacit. de morib. Ger.)

(4) *Sed poſtquàm româ egreſſus eſt, fertur eò ſæpè*

C'est au sein de cette politesse délicate & perfectionnée, qu'un contemporain d'Auguste a dit avec tant de finesse & de vérité ; *gratis pænitet esse probum* ; car le Despotisme s'est toujours ressemblé dans sa marche & ses effets. Du moment où la cupidité devient le mobile d'un Gouvernement, & l'appas qu'il présente aux hommes, *qui voudroit être vertueux gratis ?* (1) Dans un Etat *despotique, les vertus de citoyen sont des vertus de duppe*, dit un Ecrivain célebre *. Les hommes ne veulent point être duppes, parce qu'ils n'aiment ni les humiliations, ni les mauvais marchés. La vertu n'est & ne sauroit plus être un objet, dès que l'estime publique s'en éloigne, ou du moins dès qu'elle n'en est plus la récompense.

C'est dans un siecle aussi poli que le nôtre, que les citoyens, de quelque ordre qu'ils soient, sont *si assujettis* à l'argent, que si-tôt qu'ils voient

---

tacitus respiciens , postremò dixisse , urbem venalem & mature perituram , si emptorem invenerit.

(Sallust. in jugurth.)

(1) *Non facile invenies multis in millibus unam,*
Virtutem pretium , qui putet esse suam.
Ipse decor recti , facti præmia desint :
Non movet & gratis pænitet esse probum.
* *M. d'Alembert , essai sur les gens de lettres.*

K 2

un homme dédaigneux en ce genre, ils le croient riche; & fans fe rendre compte à eux-mêmes de la prééminence qu'ils lui attribuent, ils le faluent comme l'efclave falue l'homme libre.

C'eft fur-tout dans un tel tems *que corrompre & être corrompu* s'appelle (1) *le bon ton, & que les chofes qui paffoient autrefois pour des vices font les mœurs du fiecle.* (2)

C'eft dans un tems tout pareil enfin qu'un génie mâle, peintre énergique & reffemblant des mœurs de fon tems, en a fait ce tableau, qui femble fortir du pinceau de l'éloquent citoyen de Geneve.

„ On vit naître & s'accroître la foif cupide de
„ l'argent, & le defir effréné du pouvoir. Ces
„ deux paffions furent la fource &, pour ainfi
„ dire, la matiere premiere de tous les crimes;
„ car l'avarice bannit la probité, la bonne foi,
„ & détruifit de fon fouffle infect toutes les au-
„ tres vertus; elle introduifit l'orgueil, la dureté,
„ le mépris des Dieux, & la vénalité de toutes

---

(1) *Corrumpere & corrumpi probum fæculum voca-*
tur.   (Tacit. mor. ger.)

(2) *Quæ fuerunt vitia mores funt.*   (Senec. 39.)

„ les chofes. L'ambition apprit aux hommes la
„ diffimulation , la perfidie , l'art de feindre un
„ langage & des fentimens démentis au fond de
„ leur cœur, celui de ne mefurer leur haine &
„ leur amitié que fur leur intérêt & les circonf-
„ tances , & fur-tout la fcience perfide de compo-
„ fer leurs vifages plutôt que de redreffer & de
„ régler leurs principes. Ces vices, d'abord lents
„ dans leurs progrès, étendirent à la fin leurs
„ ravages ; & leur contagion peftilentielle eut
„ bientôt tout embrafé. ” (1)

Des mœurs moins fermes & des tems plus *po-*
lis, en faifant perdre bien des vertus , & prefque

---

(1) „ *Igitur primò pecuniæ, dein imperii cupido*
„ *crevit ; ea quafi materies omnium malorum fuere ;*
„ *namque avaritia fidem, probitatem, cæterasque*
„ *artes bonas fubvertit ; pro his fuperbiam, crudeli-*
„ *tatem, Deos negligere , omnia venalia habere edo-*
„ *cuit ambitio ; multos mortales falfis fieri fubegit ,*
„ *aliud claufum in pectore, aliud promptum in linguâ*
„ *habere, amicitias inimicitiasque non ex re, fed ex*
„ *commodo æftimare, magifque vultum quam inge-*
„ *nium bonum habere. Hæc primò paulatim crefcere ,*
„ *interdum vindicari quafi peftilentia invafit.*

(Salluft. in jugurth.)

K 3

toutes les vertus, donnent, à ce qu'on affure ;
une forte de dédommagement par la juftefse du
goût : mais quel dédommagement ! Je ne nierai
pas une affertion auffi généralement reçue, pour
ne point m'engager dans une difcuffion déplacée,
M. de St. Evremont a ofé dire ; il a même à-peu-
près prouvé que le fiecle d'Augufte, tant vanté,
avoit déchu. Horace, dit il , Horace fi célebre
par la délicatefse de fon efprit , tournoit en ridicule fes contemporains. Ne feroit ce pas la preuve
qu'ils ne l'avoient pas excellent ? Cicéron fe plaignoit de la décadence du goût. Que d'obfervations de cette efpece nous offriroient des fiecles
bien fiers de leur inftruction ! mais laiffons aux
modernes cet avantage qu'ils font fonner fi haut :
fuppofons pour un inftant, que le génie & les
beaux arts , qu'il crée & perfectionne, ne fouf-
friront rien de l'altération de la liberté, de la
corruption des fentimens, de la gène des penfées ; de l'introduction de la mollefse, qui affoiblit auffi bien l'ame que le corps ; toujours fera-t-
il très-permis de penfer avec le fameux Mr.
Rouffeau (1), que les beaux arts ne font pas

____

(1) M. Rouffeau n'eft pas le premier qui ait foutenu

une *si belle chose* dans l'Etat ; & que *Régulus* & *Caton* ne pouvoient pas exister dans le même siecle que le rhéteur *Séneque*.

---

cette these , qui a fait tant de bruit, & que ses adversaires n'ont pas entendue. On trouvera dans la 106e lettre persanne d'excellentes pensées à ce sujet. Voyez aussi tout le chapitre 12e du 2e livre des essais de Montaigne , remarquez-y la liste des anciens Philosophes qui ont avancé la même opinion. *Postquàm docti prodierunt boni desunt*, dit Seneque (Epist. 9.) *Parum nihi placent ea litteræ quæ ad virtutem doctoribus nihil profuerunt.* Ailleurs , *nihil Sanantibus litteris.* Les *Philosophes* , dit Ciceron, *nuisent à ceux qui prennent mal ce qu'on leur dit : iis qui bene dicta malè interpretarentur* , (Cicer. de nat. deor. l. 3. c. 31.) Voyez les détails de l'éducation des Perses dans le premier Alcibiade de Platon. ,, En cette belle instruction , dit Mon-,, taigne, que Xénophon préte aux Perses , nous trou-,, vons qu'ils apprenoient la vertu à leurs enfans, com-,, me les autres nations font les lettres. "

Je finis ces citations , qu'on pourroit multiplier à l'infini , par ce passage remarquable de Milord Bolingbroke , (folie & présomption des Philosophes.) ,, Celui qui ,, soutient, dit-il, qu'il y auroit plus de savoir & de ,, sagesse parmi les hommes, s'il y avoit moins d'é-,, rudition & de philosophie, peut paroitre avancer un ,, paradoxe ; mais un homme exempt de préjugés , &

Dès qu'on estime les beaux arts dans un autre
genre qu'ils ne doivent l'être, & c'est ce qui
arrive toujours, il se fait des demi-savans ; bientôt

   ,, qui fait douter , s'apperçoit bientôt que ce prétendu
,, paradoxe est une vérité incontestable ; cette vérité
,, a lieu dans la plupart des sciences humaines ; mais
,, sur-tout dans la métaphysique & la théologie. Je sens
,, bien quelle ne manquera pas de choquer la vanité des
,, hommes les plus vains qui soient au monde ; je veux
,, dire des Scholastiques & des Philosophes ; mais ceux
,, qui cherchent sincérement la vérité , & qui préferent
,, l'ignorance à l'erreur seront ravis de cette décou-
,, verte. "

Convenons que l'homme immodéré en tout , soutient
volontiers les principes extrêmes , qui ne sont jamais les
vrais. Les sciences n'ont pas fait tout le bien que leur
attribuent leurs partisans ; elles n'ont pas fait tout le mal
que leur imputent leurs détracteurs ; elles ont produit
de grands biens , & fomenté de grands maux ; c'est
ainsi que presque dans toutes les disputes tout le monde
a raison , ou pour mieux dire , c'est ainsi que la raison
ne se trouve guere que dans le moyen terme de la dis-
pute. Cultivons les sciences , ne fussent - elles que le
charme de la vie , le remede de l'ennui , l'aliment de
la curiosité , cette passion tyrannique & indestructible
de l'homme , mais n'oublions pas cette sage pensée de
Séneque ; *ut omnium rerum , sic litterarum quoque in-*

l'infolence de l'hiſtrion & du poëte, les adulations des écrivains mercenaires, les erreurs ou
plutôt les fauſſetés imprimées, payées par le
Gouvernement, qui proſcrit avec ſoin les réponſ-
ſes qui pourroient leur ſervir de contrepoids :
tout ſe gage, tout ſe vend, tout s'achete, tout
ſe mandie, & s'il eſt vrai, comme l'a dit un des
grand Ecrivains de nos jours, * *que l'amour de
l'argent, ou ce qui revient au même, la conſidération accordée à la richeſſe, ſoit le terme extrème
de la corruption ;* à quel période en eſt parvenu
notre Europe toute mercantille & vénale ?

Le Deſpote prodigue l'or, pour en avoir encore plus ; car l'or, pere de la ſervitude, eſt le Dieu
des Deſpotes ; d'ailleurs il faut épuiſer tous les
autres, afin d'être le ſeul riche, le ſeul puiſſant,

---

*temperantiâ laboramur. Nous donnons dans l'excès re-
lativement aux lettres comme à l'égard de toute autre
choſe,* (Epiſt. 106.) En tout, le premier beſoin de
l'homme eſt de *s'arrêter*, & malheureuſement un des
vices de ſon inſtinct eſt de ne pas ſavoir *s'arrêter*. L'excès
de l'étude énerve autant au moral qu'au phyſique ; &
celui qui étudie trop ſes livres a bien peu le tems d'é-
tudier ſui & ſes propres penſées.

* *M. Rouſſeau.*

le feul maître. C'eft ici le coup le plus meurtrier, comme auffi le plus dangereux pour lui-
même, qu'un Prince arbitraire puiffe porter à la
liberté.

Louis XI fut le premier Roi de France qui
corrompit les Etats Généraux, & détruifit ainfi
le rempart le plus refpectable de la liberté publique.

Charles VII qui mérita, par les vertus de fon
ame honnète & fenfible, l'indulgence dont on
honore fa mémoire ; mais que le défaut de talens
ou de caractere, & les difficultés des circonftances épineufes où il fe trouva, expoferent à des
fautes effentielles pour la nation ; Charles VII
avoit déja levé des deniers fans le confentement
des Etats généraux ; Louis XI fit plus encore, il
extorqua par adreffe & arracha avec violence,
après avoir avili & perfécuté la nobleffe, au lieu
de la contenir, de la réprimer & de lui donner
l'exemple de la juftice.

On feroit effrayé, fi l'on penfoit que Charles
VII avoit levé des taxes pour 1800000 l. (1)

---

(1) Le marc d'or valoit alors cent livres, & le marc
d'argent huit livres quinze fols.

Ce fait n'est pas assez connu & n'est pas assez répété. Louis XI porta ces mêmes taxes illégales à 4700000 l. (1) Voilà la gradation rapide de l'avide tyrannie & du fisc guidé par des volontés arbitraires , & dénué de principes. Charles VII soudoya le premier 9000 hommes de cavalerie & 16000 hommes d'infanterie , & Louis XI augmenta l'infanterie de 15000 hommes & la cavalerie de 2500. Louis XII lui-même augmenta ses troupes réglées d'Allemands , comme Louis XI y avoit introduit des Suisses. * On sait jusqu'à quel nombre prodigieux s'est accrue cette milice , ** tout le Royaume sous Louis XIV , alla s'engloutir dans les camps.

Que peut une nation ainsi surveillée ? On parle sans cesse de la nécessité des troupes réglées ; *comment résister , dit-on , à celles de nos voisins avec des misérables bandes de paysans , ou une noblesse ignorante & indisciplinée.*

Je n'ai pas prétendu entamer cette discussion

---

(1) Le marc d'or valoit alors cent dix-huit livres dix sols , & le marc d'argent dix livres. Cette somme monte à 23 millions de notre monnoie.

* *Philippe de Commine.*

** *Les bandes noires.*

militaire , fur laquelle il y auroit bien des chofes à dire , & que je ne craindrois pas d'approfondir , fi c'en étoit ici la place ; mais je dis que
les troupes réglées font l'inftrument du Defpotifme, comme leur inftitution en fut le fignal.
L'exemple de nos voifins n'eft pas une preuve
contradictoire ; eh ! ne voit-on pas en effet que
toute conftitution en Europe eft dégénérée en
arbitraire , & s'accélere vers le Defpotifme ! Les
troupes réglées ont été & feront toujours le
fléau de la liberté ; mais ce fléau eft intolérable,
quand il devient le rempart des déprédations.
Soliman le magnifique , que les Turcs nommerent
Canuni ou *inftituteur des regles* , & qui donna le
premier une forte de forme réguliere à l'Empire
Ottoman , apporta du moins de l'ordre dans les
finances ; car il avoit trop de génie pour ne pas
fentir que c'étoit-là la véritable pierre de touche
de l'adminiftration , & l'unique bafe de toute
autorité profpere. C'eft trop de ravager fa nation
par les incurfions de la fifcalité , & de l'enchaîner par les mains d'une milice nombreufe &
mercenaire.

Tel eft notre fort & tel en fut le fignal.

Il eft aifé maintenant de fuivre les gradations

accessoires qui nous ont jetté sous le regne absolu ou plutôt sous l'oppression terrible de la fiscalité & des déprédations en tout genre de finances.

On peut faire remonter cette époque à Charles VII & à Louis XI; mais ce fut aux prodigalités de François premier, & à nos malheureuses guerres d'Italie qu'on en dut les tristes progrès; ce fut sur-tout (1) à l'admission des Italiens dans les affaires de France, par Catherine de Médicis.

---

(1) En effet, on croit communément que François I laissa un grand désordre dans les finances ; cependant malgré ses dissipations il laissa 400 mille écus d'or dans ses coffres, & un quart de revenu prêt à y entrer. Henri II qui ne régna que 11 ans, laissa l'Etat chargé de 15 ou 16 millions de dettes.

On fit, à propos des libéralités de François I, cette très-fine critique des prodigalités des Rois.

Sire, si vous donnez pour tous à trois ou quatre,

Il faut donc que pour tous vous les fassiez combattre.

Suivant l'Etat communiqué aux trois ordres, aux Etats d'Orléans, à la mort de François I. (1560.) les dettes montoient à 39182565 liv. la recette totale de l'année à 12259925 liv. ; & la dépense à 12260829 liv.

On ne fait pas ces sortes de relevés, c'est cependant la premiere besogne d'un historien.

Le regne des Italiens fut odieux & infame fous Henri II & fes fils. Sully arracha bien quelques feuilles à cet arbre parafite & vorace ; mais il avoit laiffé le tronc & les branches, qui ont fi fortement repouffé depuis.

Rien dans la fociété ne peut fauver le ridicule de faire ce qu'on ne fait pas ; mais rien n'eft auffi criminel que de fe charger d'une fonction publique dont on eft incapable ; c'eft cependant ce qui arrive toujours dans un Etat, où tous les efprits font tournés vers l'intrigue, comme tous les cœurs font corrompus par la cupidité.

Un voyageur qui nous raconteroit que, dans les terres auftrales, il fe trouve un royaume où l'on ne confie jamais aucune partie de l'adminiftration qu'à un genre d'hommes, qui ne font d'aucun état & d'aucun métier ; (1) que ce royaume a de nombreufes armées, mais que la regle conftante de l'adminiftration militaire eft de ne jamais placer à la tête des affaires ceux qui ont commandé ces armées; que ce pays poffede une affez forte marine, mais qu'aucun des marins n'y

––––––––––––

(1) Des maîtres de requêtes, par exemple.

eſt jamais conſulté ſur les opérations de mer ou celles des arcenaux ; qu'il en eſt ainſi de toutes les
autres branches du Gouvernement, dont toute la
ſcience ſe réduit dans ces contrées, à ſavoir noir-
cir avec une ſorte de chalumeau, une eſpece de
carton qu'on y fabrique ; un tel voyageur ſemble-
roit en conter à ſes lecteurs, & nous croirions bien
difficilement qu'il exiſtât un peuple aſſez barbare
pour avoir atteint ce degré de délire ; mais
les voyageurs ſont un peu accuſés de mentir ;
laiſſons le notre, & revenons à notre pays.

On peut dire, ſans s'écarter de ſon hiſtoire, que
des miniſtres parfaitement ignorans dans la partie qui leur étoit confiée, s'y ſont fréquemment
ſuccedés ; ils ont cependant voulu avoir dans
leur reſſort la premiere & preſque la ſeule autorité.

Malheureuſement & très - malheureuſement,
Richelieu, *Louvois* & *Colbert* étoient des hommes
de génie, & *Mazarin* lui-mème (1) avoit de
grands talens.

____

(1) M. de Turenne eſtimoit plus la ſageſſe combinée
du Cardinal Mazarin, que la ſupériorité trop entrepre-
nante du Cardinal de Richelieu.

Tous ces miniſtres deſpotiques n'ont cherché ; comme de droit, qu'à faire prévaloir leur autorité, ſous le prétexte de ſoumettre tout à l'autorité du Roi : jamais ils n'ont porté leurs vues ni leur plan plus loin que l'intérêt de leur *crédit*, qu'ils firent paſſer même avant *leur gloire*.

Les grandes charges de la couronne leur ont paru un obſtacle ; il les ont dégradées & anéanties; ils crurent ſe dépouiller en partageant la portion d'autorité qu'ils étoient obligés de confier. Pour la diminuer, ils l'entre-mèlerent *d'officiers de détails* (1) indépendans de la hiérarchie naturelle.

Un Général qui avoit gagné deux batailles effrayoit ; l'admiration qu'attire ce mérite dans l'eſprit des hommes, le crédit & l'importance qu'il

------

(1) J'ai vu la lettre d'un célebre brouillon de nos jours, à qui l'on a la bonté de croire de l'eſprit, & qui aprés avoir renverſé la marine, écrivoit à un des chefs de ce corps, en lui recommandant le maintien de l'harmonie entre l'épée & la plume, c'eſt-à-dire, la ſubordination abſolue de celle-là à celle-ci : *ce grand principe baſe de l'adminiſtration* . . . . . Cela feroit rire ſi cela n'étoit pas infame.

qu'il acquiert à ceux qui réuſſiſſent dans la
carriere des armes, ſemblerent une atteinte dan-
gereuſe.

Pour diminuer ces avantages, il fallut rendre
plus difficiles les ſuccès, ils contrarierent conſ-
tamment les chefs. Louvois trahit le Roi pour
nuire à Turenne : dès-lors nos Généraux deſſer-
vis, inquiétés, dégoûtés, perdirent la plus
grande partie de leur crédit & de leur autorité ; le dernier coup enfin, & le plus ſûr qu'on
leur ait porté depuis, a été d'en augmenter le
nombre juſqu'à la dériſion.

La quantité des grades qu'on a inventés n'eſt
qu'un échelon pour faire parvenir un ignorant,
& une barriere propre à faire perdre ſon tems
à un homme de mérite ; (1) c'eſt auſſi la maniere
la plus ſûre d'éteindre toute conſidération pour
le métier que l'on avilit ainſi.

Le fameux Bayard ne fut Capitaine d'hommes d'armes, qu'après les ſervices les plus
importans, les plus longs & les plus ſigna-

---

(1) Dans la Marine de France, par exemple, nous
n'avons eu de grands hommes que ceux qu'elle à reçus
tout formés. Ces échelons immenſes la dégradent.

lés. Simple foldat , il étoit plus confidéré que
ne le feroit aujourd'hui le Connétable.

On a donné un uniforme aux Officiers Généraux , fans penfer qu'on avouoit par cette bizarre prérogative que les Officiers Généraux font
des êtres inconnus aux foldats ; il eft aifé de
juger quelle eft la confiance qu'un foldat peut
avoir dans des Chefs qu'on eft obligé de lui
défigner par une marque diftinctive , fans laquelle
il ne les eût pas connus.

Mais qu'importe un tel aviliffement au Defpote & à fes exacteurs ? Il leur faut une milice
pour foutenir leurs *douanes* , pour infpirer la terreur , & faire refpecter leurs fpoliations. Ils n'ont
pas befoin de légions de citoyens , redoutables
aux feuls ennemis de l'Etat , & commandées par
des Chefs confidérés & dignes de l'être ; on ne
veut qu'écarter du métier des armes tous les notables , intéreffés à la chofe publique , & fes défenfeurs nés ; les uns feront chaffés , les autres
dégoûtés , ceux-ci pervertis , ceux-là gagnés , &
tous fi dénués de confidération & d'autorité
réelle , qu'ils ne pourront rien qu'en faveur du
Defpotifme qui les foudoie.

Ainfi par les progrès & les fuites de l'ambition des miniftres , il ne nous eft refté que des

titres & le cadavre de toutes les anciennes dignités de notre monarchie : l'intrigue de Cour,
la faveur, (c'eſt-à-dire à-peu-près les vices) ont
reçu les récompenſes dues à la vertu : des hommes vils, mais adroits dans l'infame métier de
flatter, ne ſe ſont pas élevés aux dignités ; ils
les ont fait deſcendre juſqu'à eux : dès-lors l'eſtime & le reſpect réel s'en eſt éloigné ; cette
marche étoit inévitable, *car jamais perſonne n'a
exercé avec gloire un pouvoir acquis par des moyens
infames.* (1)

Un des plus grands délires, en fait de Gouvernement, c'eſt de vouloir ſéparer l'autorité de
la force & de la grandeur ; (2) ſi l'on ſépare
l'autorité de la force , celle-ci s'énerve , & ſi
elle vient jamais à ſe réveiller , c'eſt pour tout
rompre.

Toutes les entrepriſes des miniſtres ont donc
concouru à diminuer les reſſorts de la véritable

----

(1) *Nemo enim unquàm imperium flagitio quæſitum
bonis artibus exercuit.*   (Tacit. hiſt.)
(2) Je crois que la plus ridicule & la plus frappante
preuve que nous en fourniſſe l'hiſtoire, eſt celle du Parlement de Paris , rendant des arrêts contre des armées ;
comme on le vit du tems de la Fronde.

autorité, en dépouillant & aviliffant les particuliers fur lefquels elle étoit départie.

L'amour-propre, moins flatté d'avoir des grandes places abfolument dénuées de crédit, &
qui n'étoient plus, dans le fait, qu'un fujet de
tracafferies inquiétantes & dangereufes, s'eft
replié vers d'autres reffources & d'autres objets.
La cupidité a pris la place *de l'émulation* : il a fallu
de l'or pour contenter les cupides. Tous fe font,
approchés du féjour des graces, plus aifées à obtenir par l'habitation des capitales que par des
fervices réels.

Ce nouveau piege vers lequel on s'eft précipité, eft bientôt devenu par cette raifon le reffort
favori des miniftres. Si l'œil du maître fait valoir
la terre, on peut juger quel eft l'effet du Gouvernement qui tranfporte tous les propriétaires
hors de chez eux. Une pareille manœuvre doit
également détruire les richeffes territoriales & les
mœurs. (1)

Auffi les reftes d'émulation & de véritable

---

(1) C'eft en 1549, qu'on vit le premier Edit qui fixe
les bornes de Paris. En 1672, Louis XIV les fixa de
nouveau. La ruine du refte du Royaume les établira
mieux encore.

nobleſſe qui exiſtoient encore en France y furent-
ils bientôt détruits.

Une foule de valets, décorés par des titres qu'ils
ont avilis, veillent autour de la fortune, & en
interdiſent les avenues : la gravité, la dignité de
mœurs, la force militaire, la ſévere & délicate
intégrité, les ſeules vertus qui rendent un homme
digne du Commandement, ne menent plus aux
gouvernemens des provinces; de vils adulateurs
qui entourent le trône, les ont uſurpés : ils prodiguent les baſſeſſes & les importunités, & les
font accorder à ce prix à leurs enfans encore jeu-
nes, ſans mérite, ſans ſervice, ſans expérience :
ainſi *les dignités* ſont devenues *héréditaires*, quoique relatives à l'Etat, (invention, pour le dire
en paſſant, la plus abſurde & la plus ridicule qui
ait été faite.) L'habitude d'une longue ſervitude
à la Cour, aſſure les récompenſes les plus flat-
teuſes, qui ſeroient dues aux ſervices réels &
perſonnels, à un certain nombre de familles plus
diſtinguées dans l'ordre de la nobleſſe par la
profeſſion de *courtiſan* que par leurs titres perſonnels, & preſque également avilies par leurs
profuſions inſenſées & leur ſordide & ambitieuſe
cupidité. (1)

____

(1) On peut bien appliquer aux courtiſans ces traits

Un ancien (1) difoit que l'homme *s'éprouve par l'or* ; & c'eft une vérité de tous les âges & de tous les pays. On peut tout attendre, excepté la vertu, des hommes qu'on tient dans la vile dépendance de l'intérêt.

Les miniftres, pour mieux régner, ont donné les grandes places à des *mercenaires* (2) *inconnus*, [3] qu'ils étoient biens fûrs d'infpirer & de conduire à leur gré, & qui ont mieux aimé s'affurer une exiftence pécuniaire & vendre leurs

---

expreffilfs dont Sallufte peignoit Catilina : *alieni appetens, fui profufus.*

(1) Chilon, l'un des fept fages de la Grece, qui difoit : *que l'or s'éprouve par le feu, & l'homme par l'or.*

(2) Et pour mieux affervir les peuples fous fes loix,
Souvent dans la pouffiere il leur cherche des Rois.

(Racine.)

Ce trait fublime qui peint fi bien Alexandre, indique la marche de tous les Defpotes, Rois ou Miniftres. Obfervez l'adminiftration de Louis XI, &c. Je ne cite jamais que des tems reculés, je ne fais pas l'hiftoire moderne.

(3) Il faut diftinguer les idées ; car tel cordon bleu ; tel Duc & Pair ; tel . . . . eft un mercenaire *très-connu*, mais cependant un *mercenaire*.

droits que les foutenir. Le Gouvernement, déja
abforbé par une infinité de détails, furchargea
encore toutes les parties de l'adminiftration, de
regles, de réglemens, d'inftruótions, d'Ordonnances,
pour ne rien laiffer à Perfonne; auffi le Prince
Eugene difoit avec beaucoup de génie à Malbo-
„ rough, vous aurez pris la moitié de la France
„ avant que les Commandans des frontieres & des
„ provinces aient eu des nouvelles de la Cour;
„ ainfi allez en avant; " Eugene fentoit que les
hommes qu'un Defpote met en place font des automates, & qu'il n'eft rien de plus foible qu'une
cour qui veut tout ordonner & tout régler. Un
bon Roi réprime l'abus qu'on fait de l'autorité
qu'il confie; mais quel titre donnera celui qui
préfuppofe toujours l'abus. ?

Des miniftres auxquels tout reffortiffoit, ont
été obligés de s'entourer *de fcribes* ; & cette nouvelle maniere de gouverner a troublé toute la
fociété, en élevant de toutes part des parvenus, en donnant des exemples fréquens de
fortunes injuftes & rapides, en multipliant les
moyens de corruption, les objets de l'adulation;
en offrant de nouvelles voies aux intrigues,
à la cabale; en femant, de nouveaux obftac'es
les avenues de la juftice; en étouffant la voix

L 4

de la liberté ; en introduifant dans l'ordre civil l'efpionage & la délation , qui ont répandu partout la méfiance , l'hypocrifie , la flatterie fervile ; (1) en livrant les finances à un nouveau gafpillage, voilé fous une infinités de formes & de papiers ; & enfin en fubvertiffant le militaire ; ce qui eft bien plus fingulier, à caufe de la différence des analogies.

Cette manie de la plume, qui date de Mr. Colbert , eft parvenue à un point prefque inconcevable ; bien loin que l'adminiftration ait changé à cet égard, elle s'eft appéfantie : *les papiers & les détails* ont tout abforbé ; l'on ne fauroit faire fergent le plus brave & le plus expérimenté foldat , s'il ne fait écrire ; le *Major*, homme *de détails*, autrefois fans commandement, & ne portant pas même *le bauffe-col*, marque diftinctive de l'officier , eft actuellement *Officier fupérieur*.

Le fecretaire d'un de ces *efpions décorés*, que l'on appelle *Infpecteurs*, & qui ont introduit dans le militaire le Defpotifme le plus minutieux &

____

(1) La cour eft un pays où l'on ménage tout , parce qu'on y connoit les fortunes fubites.

le plus aviliſſant, a plus de papiers que n'en avoit autrefois le miniſtre de la guerre. Avec la plume on gouverne abſolument & ſans appel (1) le militaire comme toutes les autres parties de l'adminiſtration.

Quand le premier pas eſt fait dans ce genre, les *détails* vont toujours en croiſſant. Chacun de ces détails demande un *homme*, parce que chaque homme demande une *place*; les papiers ſe multiplient; il faut *des aides aux détailleurs*, & cela ſe ſubdiviſe à l'infini; parce que les *détailleurs* font *les détails*, les *affairés* font *les affaires*, & les *écrivains* font *les écritures*.

Le Marquis de Louvois avoit deux premiers commis : on a vu dix-ſept Chefs au bureau de la guerre; chacun deſquels avoit au moins dix ou douze commis, & je ne doute pas que le nombre n'en ſoit augmenté; mais cette multitude de papiers donne-t-elle & peut-elle donner

____

(1) L'on peut remarquer à ce ſujet dans les gazettes récentes, qui détaillent la poſition des quartiers d'hiver des différentes troupes en Corſe, que le nom du Commandant ne s'y trouve jamais; mais qu'on y lit exactement que *telle* ou *telle troupe* eſt ſous la police de M. le Commiſſaire un *tel*.

à ces *miniſtres ſcribes* la connoiſſance de la guerre, & *cet inſtinct*, pour m'exprimer ainſi, qui fait qu'en regardant un jeune ſoldat, le *vétérant* voit de quoi il eſt capable ? Ces cartons immenſes dévoilent-ils l'eſprit des militaires, les mouvemens de leurs cœurs, leurs mœurs, leur maniere de penſer, leurs idées, leurs préjugés, leur ſorte de gloire, & enfin les divers replis de leur ame? C'eſt ce qu'un vieux militaire ſait & découvre ſans s'en douter, & ces *mêmes reſſorts* ſont ceux qui donnent le branle à la machine. Toute l'inſtruction poſſible, acquiſe per les *notes*, équivaut-elle à cette ſorte d'expérience ?

Mais qu'importe encore une fois, pourvu que ces notes & ces écritures ſoient le prétexte d'un gaſpillage démeſuré d'argent, & le voile des fripponneries des *Miniſtres* & des *ſous-Miniſtres* ? car enfin on n'emploie pas les hommes ſans les payer ; & ſur-tout on ne leur donne pas impunément l'exemple du pillage.

Ainſi, l'on a tout fait *par l'or* & *pour l'or ; par des richeſſes*, dit Montaigne, *on ſatisfait les ſervices d'un valet, la diligence d'un courier, le danſer, le voltiger, le parler, & les plus vils offices qu'on reçoive ; voire & le vice s'en paie, la flatterie, le maquerellage, la trahiſon.....* par des richeſſes on a ſatisfait

depuis des Magiſtrats , des Maréchaux de France , des Princes du ſang. Au prix de l'honneur
on a ſubſtitué l'or ; il a fallu qu'il ſuppléât à
l'autorité , à l'émulation , à la vertu , à tout enfin : il en a beaucoup fallu pour remplacer toutes
ces richeſſes morales ; les hommes qui ont ſu l'arracher par parcelles , & à leur profit , des mains
des ſujets , afin de le revendre en groſſes maſſes
& bien chérement au Souverain , [funeſte ſcience , trop facile à acquérir lorſqu'elle eſt encou-
ragée] : ces hommes , s'il eſt permis de leur donner ce nom , ont prévalu le beſoin qu'on avoit
d'eux ; & *leurs tréſors* , qui *n'étoient pas leurs
tréſors* , & qui avoient détruit cent fois plus de
richeſſes qu'il n'en recéloient , leur donnerent
bientôt une exiſtence: le luxe à volé ſur leurs pas.

L'exiſtence d'un homme de mérite eſt la critique la plus ſévere de tout homme qui n'en a
pas ; & voilà pourquoi les ſots & les frippons
perſécutent ſans ceſſe. *L'éclat même de la vertu* ,
dit Tacite , *irrite* [1] *les méchans ; parce quelle les
démaſque & les condamne.* Auſſi fut - il bientôt

---

(1) *Etiam gloria ac virtus infenſos habent , ut ni-
mis ex propinquo diverſa arguens* , (Annal. traduit de
M. d'Alembert.)

dangereux de paroître par les chofes qui devoient
donner une diftinction réelle. L'envie de fe diftinguer, paffion inextinguible dans le cœur des
hommes, les a bientôt décidés à chercher les dif-
tinctions frivoles, plutôt que de n'en avoir point
(1). Lorfque les richeffes acquierent dans l'opinion & dans le fait la prééminence ; lorfquelles
font le chemin de la confidération, des honneurs,

---

(1) Celle d'être un honnête riche & heureux proprié-
taire en vaudroit bien une autre, mais tout-à-l'heure on
ne pourra plus être cela ; & les fpoliations du Fifc chaf-
feront de leurs terres ceux qui ont eu le bon fens de
s'y retirer. Bien fage cependant fera celui qui s'effor-
cera d'être plus habile que le Fifc n'eft avide, & qui
s'en tiendra à la confidération rurale, la feule qu'un
honnête homme puiffe defirer & acquérir aujourd'hui.
Il fe trouve qu'au moyen de la tournure qu'a pris le
fervice militaire en France, la haute nobleffe féodale a
échangé une confidération folide &, pour ainfi dire,
héréditaire, quand les races fe conduifent décemment,
contre la confidération de quelques lignes de gazettes,
que tous les êtres inutiles lifent dans les cafés. Je crois
que s'il revenoit des tems, où une famille noble eût befoin de la confidération du peuple pour les foutenir,
des vaffaux qui ne favent pas lire la ferviroient mieux
que tous les lecteurs de gazettes de l'Europe.

(1) du crédit, de l'autorité, *la pauvreté* devient *un opprobre*, *l'intégrité & le désintéressement sont regardés comme les vertus des sots*, & *deviennent le juste objet d'aversion des habiles.* [2] Nous craignons en général plus les ridicules que les vices ; aussi trouve-t-on rarement des gens d'honneur dans un pays où l'intérêt personnel leve assez le masque, pour qu'on qualifie de *fol* l'homme *désintéressé*.

,, Tel homme a un grand train, dit Montaigne,
,, un beau palais, tant de crédit, tant de rentes ;
,, tout cela est autour de lui, non en lui ; " sans doute ; mais les hommes ont, dans tous les pays & dans tous tous les âges, jugé les hommes *par leur autour* ; & ceux-là même qui se récrient

---

(1) On connoit le jeu de mots d'Uwen, assez mauvais, mais qui renferme un grand sens.

Divitias & opes hon lingua hebræa vocavit:

Gallica gens, aurum, or, indeque venit honor.

(2) C'est la marche constante de la cupidité.

Postquàm divitiæ honori esse cœperunt, & eas gloria, imperium, potentia sequebatur, hebescere virtus, paupertas probro haberi, innocentia pro malevolentiá duci cœpit. (Sallust. Catilin.)

fur cette folie , fe prennent à cette illufion que
fes propres fuccès prolongent.

Telle eft depuis long-tems notre maniere
d'être. Fouquet difoit: *j'ai tout l'argent du royaume,*
& le tarif de toutes les vertus.

Les grands propriétaires , *notables* & *Magnats*
dans leurs provinces, excités ou par oftentation
ou par des projets de cupidité , ont apporté
dans la capitale des ronces dorées. Le befoin &
la foif de l'or a corrompu tous les rangs & tous
les états : le luxe eft le dérangement, la ruine
générale ; le déplacement de tous les citoyens
a donné l'exiftence à une foule de parvenus.

Cette forte d'hommes étoit bien la plus propre aux vues du Gouvernement ; auffi ont-ils
occupés prefque toutes les places : l'autorité entre les mains d'un parvenu le rend infolent ,
& s'il ne l'étoit pas il paroîtroit encore tel. Un
infolent prend aifément de l'humeur , & fur-
tout le ton & le vouloir abfolu ; ces hommes
nouveaux, à qui l'autorité échappoit fans ceffe ,
ont voulu gouverner fans aucune regle, par *la*
terreur, par *les lettres de cachet ,* par *les ordres*
arbitraires ; & *les formes* ont été un foible &
dernier retranchement contre les coups d'autorité : retranchement toujours forcé fans peine ,

& néanmoins toujours odieux aux *Visirs* comme aux *demi-Visirs.*

L'ébranlement général a multiplié les secousses : tout s'en est ressenti : juges aveugles que nous sommes ! nous les avons attribuées *à quelques frippons subalternes* entre les mains desquels flottoit le timon. (1)

Une taupe perce la chaussée qui retenoit un grand lac, l'étang déborde, les pays voisins sont inondés & ravagés ; la taupe est-elle donc la cause de tous ces dégâts ?

Les véritables taupes sont ceux qui volent ; ainsi vous prenez les effets pour les causes. Tout vient du gaspillage d'argent, de l'introduction de la cupidité, du ferment de la corruption fomentée par le Gouvernement, qui n'a plus ni la force ni le talent nécessaire pour remédier aux maux qu'il a faits, quand il en auroit la volonté.

Obligé de tout acheter, de tout gager, ses soins ne roulent plus que sur les moyens de se procurer le métal que sa profusion épuise.

Mais l'ignorance des administrateurs ne leur

_____

(1) Les Terray, les Maupeou.

permet pas de faifir ceux qui leur en procurê-
roient ; leurs manœuvres, loin de verfer réellement de l'argent dans le tréfor , l'empêchent
chaque jour de plus en plus d'y arriver : il n'eft
refté de reffources que de vendre tout ce qu'on
a pu du capital de la nation', & l'on n'a trouvé
d'acheteurs que ceux qui s'étoient déja enrichis
des dépouilles publiques (1); c'eft avec eux
qu'on a traité : on les a mis à portée *de voler*
la moitié du royaume , & l'on s'eft trouvé enfuite trop heureux qu'il vouluffent bien *acheter*
l'autre , aux conditions qu'il leur a plu de fixer.
Il n'eft pas étonnant qu'ils foient à-peu-près
demeurés les maîtres de tout. Il l'eft encore moins
que le Gouvernement fe trouve forcé de frip-
ponner

---

(1) L'Empereur Claude fe plaignoit que fon tréfor
étoit épuifé : on dit alors ,, qu'on l'auroit prodigieu-
,, fement rempli , fi *Narciffe* & *Pallas* (deux affran-
,, chis qui gouvernoient alors l'Etat) l'avoient *admis*
,, *au partage de leurs richeffes.*

,, Sous le miniftere du Cardinal Mazarin , le Surin-
,, tendant difoit, lorfqu'on manquoit d'argent , qu'il n'y
,, en avoit pas dans le tréfor , mais que le Cardinal en
,, prêteroit au Roi.

ponner & de dépouiller ceux qui l'avoient pillé
si long-tems.

Tel est le Fisc, *lion dévorant & insatiable* ; point
de modification avec lui, sa destruction ou celle
de l'Etat : cela est inévitable. Tous les tems, tous
les pays, tous les climats ont vu les mêmes maux,
ouvrages des *Publicains*: ils ont toujours commencé
par être vils ; ils sont toujours devenus juges dans
leur propre cause (1) ; enfin oppresseurs à découvert de l'humanité, destructeurs des mœurs, (2)

----

(1) En 1773, un arrêt du Conseil déboutant les
Officiers municipaux des villes de la Généralité de Metz,
des oppositions faites à l'arrêt du 13 Septembre 1752,
qui ordonnoit les 8 sols pour livre, (nouveau nom donné à une de ces taxes, qui, comme Protée, reparois-
sent sans cesse & en même tems sous mille formes di-
verses) ; un arrêt du Conseil, dis-je, supprime un im-
primé ayant pour titre : *Mémoire des maires, échevins
& notables* de la ville de *Verdun*, *contre l'adjudica-
taire des Fermes générales*, COMME TENDANT A REN-
DRE LA RE'GIE ODIEUSE, *&c.* Ainsi nous devons respecter les avides *sang-sues*, que l'autorité arbitraire &
spoliatrice déchaine contre nous.

(2) Tacite en parlant d'une tribu des Germains, peuple qui auroit cru attenter à sa liberté, s'il se fût soumis à payer un impôt, s'exprime ainsi : *nam nec tri-*

M

déprédateurs de l'Etat par métier. Les introduire chez foi, comme a fait il y a peu de tems le **Roi** de Pruffe, c'eft élever le louveteau dans la bergerie ; ou plutôt, c'eft effectuer, fur tout un peuple infortuné, cette imprécation terrible que Junon irritée lançoit contre les Troyens : *Acheronta mavebo.*

Telle eft auffi l'autorité avide & infenfée, qui creufe de fes propres mains fon tombeau ; (1) qui offre fa nation au bec dévorant du vautour, dont elle-même eft bientôt la proie ; car enfin les Souverains, comme les autres hommes, & bien plus que les autres hommes, n'ont d'exiftence relative que celle qu'ils reçoivent de leurs

---

butis contemnuntur nec publicanus atterit, (de mor. Germ. c. 9.) & dans un autre endroit (ibid.) *Gothinos gallica ofos pannonica lingua coarguit non effe Germanos , & quòd tributa patiuntur.*

(1) La fifcalité eft à-peu-près telle que nous venons de la peindre au Mexique , la poffeffion Efpagnole la mieux adminiftrée, dit-on ; auffi l'on y reffent les mêmes effets ; & l'on affure que le Roi d'Efpagne qui a acheté , & qui paie par tant de compenfations & de facrifices cette immenfe poffeffion, ne retire du Mexique que 1200000 piaftr s.

ſemblables. *Rien n'eſt plus grand & n'eſt plus petit qu'un Roi.* Je ne ſais qui a dit cette verité ; mais tous les Princes devroient la comprendre, la méditer & la retenir ; un Roi qui ſe compte pour tout, & ſes ſujets pour rien, déſintéreſſe bientôt ſa nation. Or, dans un Etat il y a remede à tout, excepté au changement dans la façon de penſer des ſujets, qui ſont bien plus réellement ſoumis à l'empire de l'opinion, qu'à tout autre auquel il n'eſt point d'hommes qui ne ſache ſe ſouſtraire, quand il veut.

Les François, ce peuple généreux, fidele & guerrier, ſecouerent ſous Charles VII le joug des Anglois, parce qu'alors les François avoient honte d'être ſoumis à tout autre, qu'à celui à qui la loi qu'ils s'étoient faite eux-mêmes les ſoumettoit ; alors ils juroient à leur Roi une fidélité inébranlable ſur leur épée, (1) gage re-

---

(1) *Et ſi gens armata per arma jurat jure ſuo, ſe quoque jure ligat.* (Venantius Fortunatus , lib. 6. poëm. 11.)

Les hommes libres chez les Germains & les Francs, étoient les ſeuls qu'on pût appeller pour ſervir à la guerre, & l'Eſclave ne pouvoit prétendre à un pareil honneur. (*Voyez Mur. Antiq.*)

M 2

doutable du ferment le plus refpecté. Si quelque génie eût dévoilé l'avenir , il auroit pu dire
au Roi :

„ L'épée de vos fujets vous a remis fur le
„ trône ; elle faura vous y affermir ; elle faura
„ vous y défendre envers & contre tous. Mais
„ fi jamais on nous accoutume à obéir d'une
„ façon purement paffive, il nous fera fort égal
„ de rendre cette obéiffance à qui que ce foit.
„ L'Etat penchera vers fa ruine , fans que nous
„ daignions nous en occuper : l'efprit de mécon-
„ tentement & de dégoût effacera bientôt jufques
„ au fouvenir des humiliations étrangeres ; on
„ en viendra jufqu'à s'en vanter, pour fe faire ,
„ indirectement du moins, juftice de l'adminiftra-
„ tion , en dévoilant fes fautes ; & bientôt enfin
„ on verra les Anglois , tant de fois repouffés &
„ contenus, donner des ordres dans les ports
„ d'une nation dont ils n'auroient jamais dû
„ pouvoir être les rivaux .... ”

Pardonnez , ô mes compatriotes , fi je n'ai pu
contenir une jufte indignation fur l'impunité
d'un pareil affront ; (1) fon fouvenir eft trop

____

(1) Pourra-t-on effacer jamais, des faftes de la France,

récent; le poids de notre aviliſſement m'écraſe.
Pourquoi l'impérieux & deſpotique Louis XIV
ne peut-il ſortir de ſa tombe, & contempler
l'étonnant parallele des François expulſant les
Anglois du royaume ſous Charles VII, rache-
tant à ce Prince la couronne au prix du ſang
de ſes ſujets, & de ces mêmes François, également
ment avilis dans leurs ports, par leur propre
adminiſtration & par les ordres d'une puiſſance
rivale; le remords d'avoir contribué à une pareille révolution ſeroit pour lui l'implacable
furie que je voudrois déchainer contre les tyrans.

J'ai dit que les formes étoient un foible retranchement contre les coups d'autorité; & la rapidité de la gradation que j'eſſayois de tracer,
m'a empèché d'appuyer ſur ce principe; mais
il eſt aiſé de ſentir que la réſiſtence, & même la
volonté de réſiſter aux coups du Deſpotiſme,
s'affoibliſſent dans un Etat, en raiſon de ce que

---

qu'en 1773 trois vaiſſeaux de guerre ſont partis déſar-
més de Toulon pour aller à Breſt ſucceſſivement, & à
quinze jours de diſtance, avec la défence la plus expreſſe
de relâcher en Eſpagne. On ſait, &c. &c.

M 3

l'autorité arbitraire y fait plus de progrès. Tout est corrompu : la fermeté s'eſt évanouie ; le courage n'exiſte plus ; & l'induſtrie ne roule plus que ſur les moyens de s'arroger la plus grande partie du Deſpotiſme que l'on puiſſe atteindre. Séneque a dit : *injuriam fortis non facit ; ingenuus non fert* ; & cette maxime eſt belle & vraie. Le Satrape Otanès, qui renonçoit à l'empire, ſous la condition d'être indépendant, penſoit véritablement en homme. Il ne vouloit ni commander ni être commandé dans un Etat deſpotique. Un homme d'honneur eſt auſſi incapable d'attenter à la liberté du tiers, que de laiſſer tranquillement aſſervir la ſienne ; mais un homme d'honneur eſt preſque un être de raiſon dans un Gouvernement deſpotique, ou du moins un être inutile & ridicule, s'il n'eſt pas dangereux. C'eſt une plante *exotique*, que l'on auroit bientôt arrachée, ſi l'on pouvoit redouter ſa fécondité.

Dans le Deſpotiſme, il n'eſt point d'autres moyens d'échapper à la ſervitude, que d'être le ſatellite de la tyrannie. D'ailleurs le deſir de l'autorité, cette épidémie la plus générale de l'humanité, gagne tous les rangs & toutes les places. Les corps intermédiaires oppoſés au régime arbitraire, énorgueillis d'être les dépoſitaires de la liberté publique, (1) deviennent avec de bonnes intentions même, deviennent, dis-je, tôt ou tard, mais toujours, esclaves ou despotiques ; ils servent au Despote ou le renversent, ou sont renversés par lui. Cette marche est à-peu-près inévitable.

Ainsi tout devient dangereux quand le pouvoir arbitraire a jetté des racines.

Ainsi pour citer un exemple plus civil & plus

---

(1) Il n'est pas inutile d'observer ici, qu'anciennement en France tous Juges, de quelque qualité qu'ils fussent, étoient responsables de leur jugement. Depuis, cette coutume fut restrainte & l'imitée aux Juges subalternes, qui n'étoient pas Juges royaux. (*Voyez Etienne Pasquier, recherc. sur la France, l. 2. cap. 4.*) „ Jus-
„ qu'à ce que finalement, ajoute-t-il, cette maniere s'est
„ du tout annihilée entre nous, ne nous étant pas de-
„ meuré pour remarque de toute cette ancienneté, que
„ les paroles sans effet ; car encore que nous fassions
„ adjourner les Juges comme vraies parties, si est que
„ cela se fait à présent tant seulement pour la forme,
„ demeurant dans la personne de l'intimé les frais &
„ hazard des dépens ; & à la mienne volonté que
„ cette ancienne coutume eût repris sa racine en *nous*
„ *pour bannir les ambitions effrénées* qui voguent au-
„ jourd'hui par la France, en matiere de judicature. "

M 4

frappant & plus rapproché , les Loix civiles & les Loix politiques ont en France un efprit contradictoire. La loi civile eft pleine de formalités prefcrites pour la fùreté des biens & des perfonnes des citoyens. La loi politique n'a en vue que l'exécution prompte & une obéilfance aveugle , fans égard aux droits, aux privileges , & même à la vie des fujets. Quand la balance pourroit refter égale, ce qui n'eft pas dans la Nature , cette oppofizion entre ces deux portions de la Loi , rend l'état du François pire que celui du Turc ; puifqu'il craint d'un côté tous les maux du Defpotifme , & de l'autre les lenteurs républicaines ; les Turcs courent en foule demander la tète du Vifir qui les opprime , & ils l'obtiennent.

Tout homme éclairé m'arrête ici fans doute , m'accufe d'erreur ou de foiblelfe , & s'écrie : „ cette oppofition exifte , & nous en fommes la „ proie ; mais elle n'eft que le combat de l'ufur„ pation contre la loi , & non *la contradiction* des „ deux portions de la loi mal combinées. "

Sans doute, & le torrent de la fervitude m'entraîne : cette crainte de la tyrannie , qui dès les premiers âges emprunta le voile de l'apologue , pour rendre fupportable l'auftere vérité , altere auffi mon langage.

La plus belle contrée de l'Europe, la France notre patrie, cette fille chérie de la Nature, dont les richesses sont inconcevables, & les ressources sans nombre, nous offre les tristes effets de l'autorité absolue; l'air qu'on y respire n'est plus celui de la liberté. On ne peut ni décrire ses maux, ni déplorer sa situation; les plaintes même y sont interdites: quand l'autorité tutélaire est despotique & menaçante, la *liberté* devient *licence: la verité* est *un crime, &. le courage un danger*; il n'est plus *permis* ni de *parler* ni d'écouter. * *Les délations nous entourent; & nous eussions perdu la mémoire avec la voix, s'il étoit aussi bien au pouvoir de l'homme d'oublier que de se taire.*

Je ne prétends point développer ici les maladies intérieures dont la France est rongée; je n'essayerai pas de peindre les angoisses domestiques. Je m'en abstiendrai, par la raison qui empêchoit un grand historien de l'antiquité de raconter les succès d'un tyran; & je dirai avec lui: „ je „ m'arrète & je ne sais si je suis plus retenu par „ la honte ou par le chagrin que m'inspireroit „ une telle occupation. " (1)

---

* *Voyez l'épigraphe.*

(1) Sallufte dit, à propos de Sylla: *nam posteà quæ*

Mais qui peut oublier le degré de confidération & de puiffance que nous avons acquis ou
perdu tandis que les événemens publics nous
le rappellent fans ceffe.

Avant que de fixer nos regards fur ce trifte
parallele, arrêtons-nous un moment fur un reproche peut-être injufte, tant de fois répété à la
nation, fans qu'on ait entrepris d'y répondre,
& d'où l'on femble induire qu'elle devroit s'im-
puter elle même la plus grande partie de fes
malheurs & des vices de fa conftitution.

L'on a fouvent dit que les François étoient
légers, inconféquens, inconftans ; (1) tous nos
livres font remplis de déclamations contre notre
frivolité ; on pourroit fans doute répondre beaucoup de chofes à cette inculpation.

L'on pourroit dire, par exemple, que l'on ne
fait peut-être pas affez que la frivolité eft fouvent l'annonce de l'efprit naturel ; l'on ajoute-
roit encore, que la frivolité des François a pour

---

*fecerit incertum habeo. Pudeat magis an pigeat diffe-
rere.*　　　　　　　　　　　　(Hift. de jurgufth.)

(1) „ Quelquefois dans Céfar, qui eft un de nos pre-
„ miers parrains, pour ce regard, il eft advenu de
„ nous baptifer de ce nom, dit Etienne Pafquier. "

cause principale l'ignorance si longue & si profonde dans laquelle ils ont été plongés. Une imagination vive, & qu'aucune occupation ne fixe, doit nécessairement ôter à l'esprit la consistance dont il seroit susceptible. Le Gouvernement a toujours travaillé à augmenter cette frivolité qu'on prend pour le caractere distinctif de notre nation. Or les *types* nationaux disparoissent toujours sous les efforts du Gouvernement. Les habitans de *Lutece* étoient sous *Julien*, penseurs, tristes & sombres, comme des habitans des marais. *Je les aime*, disoit-il, *parce que leur caractere, comme le mien, est austere & sérieux.* Paris est devenu une capitale immense, le Gouvernement y a concentré la France presqu'entiere; les François sont devenus & ont dû devenir frivoles : de même à la gravité Romaine, l'agrandissement de la Métropole & les efforts du Despotisme firent succéder la légéreté & la frivolité que Juvenal reproche à ses compatriotes. (1)

Qu'on me permette encore une seule observation ; les peuples qui habitent les régions mitoyennes, doivent certainement avoir quelque

____

(1) 10. Satyre.

reſſemblance avec les peuples des climats extrêmes ; l'influence du climat, qui n'eſt pas ſans
doute auſſi puiſſant que l'imaginoit M. de Monteſquieu, mais qui cependant laiſſe des traces
profondes ſur les hommes ; l'influence du climat
doit donc multiplier les nuances, loin de donner un caractere diſtinct à ces peuples ; mais
s'il ſe trouve encore que la fertilité de la terre,
l'ambition des voiſins, ou d'autres cauſes aient dirigé dans ces contrées pluſieurs invaſions, tantôt
des peuples du nord, tantôt de ceux du midi,
chacun de ces peuples conquérans y aura laiſſé
néceſſairement des enfans & une partie quel-
conque de ſes uſages.

De tout ce mêlange de *ſang* & *d'uſages*, il doit
naturellement réſulter une inconſtance très-mo-
bile dans le corps de la nation, & dans chacun
des particuliers qui la compoſent ; car chacun de
ces particuliers a peut-être dans la compoſition
de ſon individu du ſang de dix nations différentes, de climats & de mœurs.

Voilà préciſément ce que font les François ;
ils ont un ſang très-mélé, très-heureuſement
modifié par le meilleur des climats ; mais abſolument bouleverſé & preſque dénaturé par une
adminiſtration inouie dans toute l'Europe.

Quoi qu'il en ſoit de notre frivolité, paſſons condamnation, ſi l'on veut ; peu nous importe : en quoi cette frivolité peut-elle avoir influé ſur l'adminiſtration publique ?

Les François, légers, inconſéquens, inconſtans, n'ont jamais ébranlé leur conſtitution. Cette inconſéquente légéreté a toujours été compenſée par leur induſtrie, leur activité, leur eſprit, je dirois leur *bonhommie*, ſi l'on pouvoit s'exprimer ainſi ; les guerres civiles, le ſoulévement du corps entier de la nation, fruit de l'ambition effrénée ou de l'implacable fanatiſme, n'ont jamais autant nui à la puiſſance de la France, que les regnes des Princes ou des miniſtres qui ont viſé au Deſpotiſme : rappellons-nous que le fier St. Grégoire écrivoit dans VIe. ſiecle à Childebert II, Roi d'Auſtraſie : „ autant que la dignité de Roi éleve „ au-deſſus des autres hommes celui qui la poſ- „ ſede, autant la qualité de Roi de France éleve „ au-deſſus des autres Rois ceux qui en ſont „ honorés. " Suivons enſuite les continuels veſtiges de cette immenſe conſidération, & ne perdons pas de vue que 500 ans de trouble avoient laiſſé cet Etat ſi redoutable à l'Europe, qu'elle ſe ligua preſque entiere contre Louis XIV.

Le calme le plus profond dans l'intérieur pendant cent ans, fruit de l'engourdiſſement de la
nation, minée par les manœuvres du miniſtre,
qui tenoit les rènes du Gouvernement, adminiſtrateur foible & arbitraire, hypocrite & intrigant comme un Prètre ambitieux ; cent ans
de calme, dis-je, ou plutôt d'une perfide bo-
nace, ont abattu la puiſſance & détruit la conſidération dont ce vaſte & redoutab!e Empire
avoit joui ſi long-tems. Ses Rois, autrefois Suze-
rains d'une isle de l'Europe (1), qui fut la conquète d'un des vaſſaux de leur couronne, reçoivent ſur leurs mers & preſque dans leurs ports,
la Loi de ce pays, ſi long-tems notre tribu-
taire, & ſur lequel la Nature nous prodigua
tant d'avantages.

Nous avons vu l'un des Etats de l'Empire,
dont le Souverain fut à peine admis aux honneurs de la cour du redoutable ennemi de la
Hollande (2), affronter toutes les forces de la

---

(1) Le territoire de l'Angleterre eſt à peine le tiers de
celui de France ; & la population y eſt à-peu-près la
même.

(2) On ſent bien que je ne prétends parler ici que
de l'étiquette entre un Roi & un Electeur.

France réunies à celles de ſes plus redoutables voiſins. „ Que dites - vous, écrivoit ce Prince „ habile, mais qui doit tout à nos fautes ; que „ dites vous de cette ligue qui n'a pour objet „ que le Marquis de Brandebourg ? Le grand „ Electeur ſeroit étonné de voir ſon petit - fils „ aux priſes avec les Ruſſes, les Autrichiens, „ preſque toute l'Allemagne, & cent mille Fran- „ çois auxiliaires ; je ne ſais s'il y aura de la „ honte à moi de ſuccomber ; mais je ſais „ qu'il y aura peu de gloire à me vaincre. ”

Qu'eſt-ce donc qu'ont gagné nos maîtres, en voulant nous aſſervir ? & combien ils ont dimi-nué de leur puiſſance réelle en aviliſſant leur nation !

Il ſeroit facile de développer les cauſes d'une révolution ſi rapide & ſi humiliante ; on peut même les indiquer dans une ligue :

Le Fiſc & l'autorité arbitraire nous ont ſuc-ceſſivement aſſaillis.

Tout eſt renfermé dans ce peu de mots.

La vexation des barrieres, la tyrannie des lettres de cachet, l'illégalité de la levée des deniers, le ſcandale des prodigalités, la viola-tion de toutes les propriétés remplacent la con-ſidération du Gouvernement : les gouvernemens

fe mefurent comme les hommes : s'ils prennent
& affectent un ton haut & dur, c'eft qu'ils
craignent qu'on ne le prenne avec eux : ainfi
les Romains, opprimés au dedans, furent vain-
cus au dehors, & bientôt les Empereurs devinrent les brigands de Rome, & cefferent d'ê-
tre les maîtres du monde....

Mais le péril imminent de tracer ici des vérités affligeantes & dangereufes, peut-il être
compenfé par l'efpoir d'opérer quelque bien?
Cette illufion hérie des ames fenfibles, eft
prefque enlevée à qui réfléchit fur notre fi-
fituation.

Jamais, jamais mon cœur ne fera flétri par
une honteufe déférence pour le Defpote. Jamais
mes levres ne feront fouillées par un infame
hommage rendu au Defpotifme ; (1) mais que
peuvent pour ma patrie des vœux ftériles & des
reproches

---

(1) C'eft un engagement que peu d'écrivains oferoient
prendre fous un gouvernement arbitraire ; l'éloge le
plus flatteur que donne Tacite à Pifon, chef des Pon-
tifs, c'eft de l'appeller, *nullius fervilis fententia fponte
auctor.*

reproches impuiſſans ? Quatre ſiecles bientôt
révolus ont vu commencer & perfectionner l'ouvrage de ſon abaiſſement ; & dans quelques
inſtans ſa ſervitude ſera conſommée. Nous pouvons nous appliquer ce que *Cicéron* diſoit à
Atticus, en lui parlant des progrès de Céſar :
nous réſiſterons trop tard à l'ennemi que nous avons
nourri ſi long-tems dans notre ſein. (1) Notre enthouſiaſme pour nos Rois ; notre préſomption,
& ſur-tout l'ignorance ſi longue des droits de
l'homme, nous ont fait courir au devant de
nos chaînes ; elles étoient déja reſſerrées, que
nous n'avions point encore apperçu celui qui
nous en chargeoit.

Combien de fois n'a-t-on pas loué en France
le miniſtere du Cardinal de Richelieu ; (2) ces
louanges lui ſeroient très-juſtement acquiſes,
s'il avoit été chargé de détruire la nation ; mais

------

(1) *Serò reſiſtemus ei quem per decem annos aluimus*
contra nos.

(2) Il n'y a que deux ans que M. Gaillard, dans un
diſcours de réception à l'Académie, fort bien fait, a
oſé ne pas le louer indiſtinctement ſur tout ; il eſt le
premier qui ait donné cet exemple de courage & de
bonne foi.

N

elles font la honte des François. Ce célebre inſtrument du Deſpotiſme , miniſtre d'un Roi foible ,
haineux & violent ; ce politique audacieux &
ſupérieurement intrigant , qu'on ne jugea de
ſon tems qu'avec des yeux obſcurcis par la terreur ou aveuglés par la haine, & que l'on n'apperçoit aujourd'hui que d'un regard faſciné par
les préjugés ; le fameux Richelieu , ſi ſouvent
exalté , peint tant de fois, & preſque toujours
ſi mal jugé, ſappe par les fondemens le Gouvernement , qui fut trop long-tems entre ſes
mains pour le bonheur de ſon pays. Profondément occupé de ſa gloire & ſur-tout de ſon
crédit, de ſa puiſſance, de ſon Deſpotiſme , auquel il ſacrifia toujours & ſans ceſſe tous autres
motifs ; il a feint de croire que les François
étoient incapables de reſter attachés à des regles
fixes, & qu'ils avoient beſoin qu'un maître abſolu fixât leur mobilité.

C'eſt au milieu de ce peuple cependant que
le reſtaurateur de l'empire d'Occident avoit jetté
800 ans auparavant les fondemens les plus ſoli-
des d'un empire que des Princes foibles, ſtupi-
des, & des tyrans n'avoient pu renverſer.

Ce n'eſt pas que Charlemagne , beaucoup
plus élevé ſans doute que l'homme d'Etat , rival

& perfécuteur de Corneille , n'eût d'autant plus
defiré peut-être le pouvoir arbitraire , qu'il étoit
plus en état d'en fupporter tout le faix ; mais
le conquérant & le législateur de l'Europe
prefqu'entiere , le fondateur de tant d'Etats , qui
fit trembler fur fon trône le fiege abject des
anciens Empereurs , comprit qu'il étoit impoffible qu'un homme gouvernât feul un grand Etat ;
il fentit qu'il étoit également néceffaire pour les
mœurs & pour l'autorité , d'établir une hiérarchie clairement indiquée par la Nature. (1)
Charlemagne fut le premier inftituteur de *l'ordre féodal* , qui n'étoit auparavant lui qu'un
cahos anarchique & contradictoire à toute efpece
d'ordre : il connoiffoit bien fa nation , il con-

---

(1) C'eft en effet un des maux du Defpotifme , d'a-
néantir toute hiérarchie , & d'obfcurcir toutes les nuances : tout le monde eft également vil ; il ne fauroit y
avoir alors ni fupérieur , ni fubalterne. Il eft devenu
impoffible , par exemple , au foldat d'eftimer fes Officiers dégradés & avilis ; & dès lors il eft au deffus de
l'humanité de refpecter par devoir ce qui n'eft pas en
effet refpectable ; & il eft au deffous de la brute d'ofer
concevoir le projet de faire eftimer ce qui n'eft pas eftimable.

N 2

noiſſoit bien les hommes ; il ſentit qu'on ne
leur perſuaderoit jamais qu'un ſeul pût donner
ſa volonté pour loi , & que le François ne méri-
toit pas que ſon maître conçût jamais un projet ſi barbare.

Cette idée , preſque innée parmi les eſclaves
de l'Orient, n'étoit jamais venue dans la penſée
des peuples libres du Nord , de la Germanie &
des Gaules ; l'Europe , ſi l'on en excepte l'Italie
& l'Eſpagne où la ſervitude fut introduite par
Auguſte , qui eut des ſucceſſeurs après lui plus
méchans que lui , parce qu'ils avoient moins de
talens ; l'Europe , dis-je , ne connoiſſoit pas cet
eſprit d'eſclavage qui s'y eſt depuis répandu ;
eſprit qui a créé la *certaine ſcience, pleine puiſſance,*
& le car tel eſt notre bon plaiſir, ſorte de pro-
tocole qui fera regarder notre ſtyle par la poſtérité comme celui de la baſſeſſe & de la ſervitude ,
& dont Juvenal , au centre de la tyrannie , avoit
laiſſé le modele dans ce vers fameux :

Sic volo : ſic jubeo : ſit pro ratione volontas.

Il arriva à l'ordre féodal la révolution ordinaire dans toutes les inſtitutions humaines ,
c'eſt-à-dire que la balance pencha. L'autorité
Royale fut trop affoiblie ; on ne doit point attribuer cette faute à Charlemagne ; des têtes foi-

bles voulurent foulever l'énorme fardeau dont
il avoit fagement déterminé le levier : le défaut
général d'inftitutions & de principes rendoit fa
législation infuffifante , du moment où elle n'é-
toit plus foutenue par le génie du législateur ;
mais il avoit fenti fans doute que le Defpotifme
eft l'ennemi le plus cruel de l'humanité , & même
de l'autorité fouveraine. Tout autre inconvé-
nient étoit moindre.

Peut-être Richelieu n'avoit-il pas faifi cette
belle idée , peut-être n'avoit-il pas affez de génie
pour la concevoir ; il en falloit beaucoup , fans
doute , pour modérer les écarts de fes paffions
& de fon audace.

Le dernier effort de raifon & d'humanité auquel un Souverain puiffe atteindre ; tout ce que
peuvent la vertu la plus pure & les talens les
plus fupérieurs réunis , la conduite du nouveau
Roi de Suede nous l'offre , & Trajan feul en
avoit donné l'exemple (1). Guftave , affez hardi
pour ofer donner de juftes entraves à la licence

____

(1) Trajan offrit aux Romains de leur rendre leur
liberté ; il étoit revêtu du Defpotifme ; mais celui qu'il
s'acquéroit par cet acte de générofité , n'étoit-il pas cent
fois plus doux à exercer ?

effrenée du Sénat de Suede, affez habile pour
y réuffir & pour établir un ordre fixe au fein
de l'anarchie qui dévoroit fa patrie, a été affez
grand, affez humain, affez éclairé pour dédaigner le pouvoir arbitraire, lorfqu'il pouvoit le
retenir ; pour fouler aux pieds la vengeance &
fe dépouiller du glaive militaire, lorfque rien ne
pouvoit l'arracher de fes mains, au moment
même qu'il venoit d'échapper aux trames des
factieux conjurés contre l'autorité tutélaire :
oui, j'ofe le dire, & cet hommage eft écrit d'une
main que ne fouillerent jamais l'impofture &
la flatterie ; le nouveau Guftave eft l'honneur
du trône, & fera le héros de ce fiecle.

Richelieu vifoit au Defpotifme perfonnel,
bien plus qu'à augmenter l'autorité royale ; il
parvint à fon but par des moyens hardis & fûrs.
Il féduifit par la corruption, & effraya par l'activité de fa violence ; fon génie perçant, opiniâtre, fécond en reffources, indifférent fur la
nature des moyens, ne fe propofa jamais d'autres objets que de rendre arbitraire l'autorité
qu'il avoit abforbée toute entiere ; tout occupé
de l'intérêt de fa puiffance, il ne voulut pas
voir qu'il ne pouvoit pas remplacer par la force
& par des caprices, des loix fondamentales,

(enFrance, comme en tout autre pays, parce qu'elles font abfolument néceffaires à toute fociété, & que le droit naturel eft par-tout la bafe (1) de ce qu'on appelle *les codes* ou plutôt *les droits fondamentaux*) ; il n'apperçut pas que l'édifice ébranlé dans toutes fes parties s'écrouloit par une extrèmité, tandis qu'il cherchoit à l'étayer par l'autre ; il aima mieux dire que le peuple, qu'il enchaînoit à fon char (car la nation rampoit déja dans la fervitude), n'étoit pas capable de fuivre long-tems le même fyftème , à moins que de prendre le feul que toute fociété puiffe adopter ; je veux dire *un bon Gouvernement.*

Mais comment efpérer un bon Gouvernement dans les pays où l'adminiftration eft dirigée par l'opinion arbitraire d'un feul, & où elle n'eft point fixée par des principes invariables, & contenue par l'inftruction , qui rend générale la connoiffance des loix naturelles, & leur infraction notoire ? Quelle forte de délire ne réfultera pas de cette aveugle & aviliffante fubordination , que les langues efclaves ont défignée par ces mots dénaturés, *obéiffance, devoir ?*

---

(1) Ce feul mot décide l'étonnante queftion fur l'exiftence des lois fondamentales.

N 4

Dans la néceſſité de choiſir, il faudroit préférer ſans balancer une autorité foible & incom-
plete à un pouvoir illimité, dans quelque main
qu'il ſoit dépoſé. L'autorité foible ne ſauroit
procurer ſans doute un Gouvernement heureux
& proſpere; mais le Deſpotiſme eſt affreux &
ne laiſſe d'autre refuge que la mort, s'il parvient
entre les mains d'un Prince féroce & ſtupide; (1)
il eſt encore le régime politique le plus effrayant,
quand le Prince ne ſeroit que peu éclairé; il
eſt très - redoutable ſous un Deſpote habile,
quoiqu'en ait écrit le Roi de Pruſſe, qui ſans
doute avoit ſes raiſons pour établir les principes contraires (2); car alors le Deſpotiſme en
devient plus abſolu, & ſon ſucceſſeur peut, &
doit être un mauvais Prince.

---

(1) Tacite dit aprés la peinture énergique d'une peſte,
qui avoit ravagé Rome, ſous l'Empire de Néron. „ *Equi-*
„ *tum ſenatorumque interitus, quamvis promiſcui, mi-*
„ *nùs ſlebiles erant, tanquam communi mortalitate ſæ-*
„ *vitiam principis prævenirent.* " *Ainſi ſous le regne
d'un tyran,* dit Gordon, *la peſte étoit un bonheur.*

(2) „ Rien de meilleur dit-il, que le Gouvernement
„ arbitraire; mais ſous des Princes humains, juſtes &
„ vertueux : rien de pis ſous le commun des Rois. "

Dans cet ordre féodal, dont on a tant médit, c'étoit du moins une maxime conftante, que *nul homme ne pouvoit être taxé que de fon confentement*. Ce principe renferme le premier droit & le premier garant de la liberté ; car les Defpotes corrompent & féduifent avec l'or ; ils gagent des fatellites, des efpions, des délateurs ; & les vexations illégales fe multiplient à mefure que la foif de l'or augmente, & que la facilité de s'en procurer diminue.

Charles VII, fous le regne duquel la féodalité reçut les premieres atteintes, Charles VII fut le premier qui, par un fimple Edit, & fans le concours des Etats Généraux, leva des fubfides extraordinaires fur fon peuple : acte de Defpotifme le plus formidable de tous, & dont Louis *XI*, digne d'en être l'inventeur, fe garda bien de négliger l'exemple. Eh ! quel progrès n'a pas fait depuis la foif du Defpotifme & le ferment de la cupidité ?

On feroit trop effrayé, trop dégoûté peut-être de vivre en fociété, fi l'on obfervoit d'un œil attentif avec quelle rapidité toutes nos conftitutions européennes, fi l'on en excepte une feule, s'accélerent vers le *Defpotifme*, & entraînent ainfi dans la profcription la plus redoutable, la plus belle contrée de l'Univers.

Quelle variation dans nos privileges, dans nos coutumes, dans nos Loix, à nous François, peuple doux & imprudent, qui du plus haut degré d'une liberté, peut-être trop peu éclairée, s'eft précipité vers l'efclavage le plus profond & le plus refferré!

Un écrivain (1), plus connu par fon dévouement au miniftere & par fes ménagemens adroits & lucratifs, que par fes talens littéraires ; vient de promettre folemnellement d'attaquer l'authenticité de nos anciens privileges, & s'eft engagé à prouver, entr'autres thefes tout-à-fait nouvelles & furtout précieufes à la nation, que l'autorité législative *ne fut jamais placée dans les champs de Mars & les affemblées qui leur fuccéderent...*

Il prouvera fans doute auffi que le Monarque poffédoit feul cette autorité; car c'eft une conféquence néceffaire de fa premiere propofition.

---

(1) M Moreau (*Leçons de morale, de politique, & de droit public, puifées dans l'hiftoire de notre monarchie, ou Nouveau plan, &c.* Paris, chez Moutard, 1773.)

C'eft à cette époque que l'Effai fur le Defpotifme devoit paroître. (note de l'Editeur.)

Il nous promet encore d'établir que le chef
fuprème *appelloit & excluoit* qui il vouloit de ces
affemblées & que chacun des membres qui y
affiftoient, *n'avoit que des confeils à donner &
non des fuffrages.*

Cet auteur, il faut l'avouer, s'eft impofé une
belle tâche, & fur-tout il s'eft voué à une occupation vraiment patriotique, vu les circonftances & l'objet.

Il va détruire bien des préjugés & renverfer
un grand nombre de vieilles errreurs.

Il établira, par exemple, malgré tout ce qu'on
croyoit favoir a cet égard, qu'il eft faux que le premier acte de législation de nos Rois date de la fin
du XIIe. fiecle, & que l'ordonnance de Philippe-
Augufte de 1190, que l'on regardoit comme
le premier monument de leur pouvoir législatif, a été précédée de beaucoup d'autres Edits.

Il nous expliquera les propres mots de Clotaire, qui dit, en nous parlant des affemblées
du champ de Mars : *on les convoque parce que
tout ce qui regarde la fûreté commune doit être
examiné & réglé par une délibération commune ;*

& je me conformerai à tout ce qu'elles ont résolu.* (1)

Il traduira selon son opinion, ces mots qui se trouvent dans une Ordonnance de Childebert de 532 : „ Nous avons traité quelques affaires „ à l'assemblée de Mars avec nos Barons, & nous „ en publions aujourd'hui le résultat, afin qu'il „ parvienne à la connoissance de tous. " (2)

Il voudra bien renverser le témoignage du savant Bouquet, qui, travaillant par ordre & sous les yeux du Gouvernement, s'explique ainsi dans la préface des Loix saliques : (3) *dictaverunt Salicam Legem proceres ipsius gentis, qui tunc temporis apud eam erant rectores : sunt electi de pluribus viri quatuor, qui, per tres mullos, convenientes, omnes caussarum orignes sollicitè discurrendo tractantes de singulis, judicium decreverunt hoc modo.*

Il nous mettra en garde contre cet autre pas-

---

(1) *Aimoin, de gest. Franc. l. 4. c. 1. apud Bouquet recueil III.*

(2) Bouquet, (ibid. tom. 6 p. 3.) & dans une autre Ordonnance : *nous sommes convenus avec le consentement de nos vassaux, &c.* ibid. §. II.

(3) Ibid. p. 22. (& ailleurs idem. p. 124.) „ *hoc de-*

ſage très-ſingulier, relatif aux champs de Mars ; & tiré des auteurs des annales des Francs, *ſe-debat in ſellâ Regiâ, circumſtante exercitu; præci-piebatque is die illo quidquid à Francis decretum erat.*

Il nous expliquera pourquoi Pepin, l'habile, l'audacieux Pepin, (qui une fois arrivé au trône poſſédoit abſolument l'autorité législative, puiſqu'elle étoit l'apanage de la Souveraineté,) pourquoi Pepin, dis-je, quand il aſſocia Charles & Carloman ſes deux fils à la couronne ſans le conſentement de l'aſſemblée nationale, ſe ſervit de cette formule ſi connue, *unà & cum conſenſu* * &c. L'uſage le plus ordinaire des

---

„ *cretum eſt apud regem & principes ejus, & apud* „ *cunctum populum chriſtianum , qui infrà regnum* „ *Merwingerum conſiſtunt.*" Voyez dans M. de Mably, (*obſerv. ſur l'hiſt- de Fran.*) dans des chartes accordées par des Rois de la 1ere. race : „ *ego Childer-* „ *bertus rex und cum conſenſu & voluntate Franco-* „ *rum, &c.* (ann. 558. ibid. 622.) *Clotharius III,* „ *unà cum patribus noſtris epiſcopis optimatibus, ca-* „ *teriſque palatii noſtri miniſtris ,* (ann. 664.) *de con-* „ *ſenſu fidelium noſtrorum.*"

* (*Voyez p. 78 , note 2.*)

Rois n'eft pas de céder dans la forme ce qui leur revient dans le droit.

Mr. Moreau joindra à toutes ces inftructions une réfutation d'Eginhart, fecretaire, hiftoriographe & gendre de Charlemagne, & par conféquent fi à portée d'être bien inftruit de la conftitution, qui dit expreffément : *que les Francs confirmerent le choix de Pepin à fa mort*, & ce qui eft bien plus concluant & bien plus *attentatoire* à l'opinion de Mr. Moreau, *qu'ils limiterent leurs Etats refpectifs.* *

Plus ce nouvel antiquaire avancera dans fa carriere, plus fes travaux augmenteront, & plus fans doute nous lui devrons de reconnoiffance.

Ses recherches profondes nous apprendront comment le plus grand & le plus puiffant Prince, qui ait jamais exifté, comment Charlemagne, ** s'il avoit cru toute l'autorité législative conconcentrée dans fes mains, auroit dit dans la charte qu'il donna pour le partage de fes domaines, dans le cas où il y auroit incertitude fur le droit des différens compétiteurs à la couronne :

---

* 768.

** *Capitul. vol.* 1. *p.* 442.

celui d'entr'eux que le peuple choisira, succédera à la Couronne. Car c'est une anecdote bien singuliere pour l'histoire philosophique de ce Prince & de ce siecle : Mr. Moreau nous dira pourquoi ce Prince assembla si exactement une ou deux fois l'an les *conventus mulli* ou *placita* * qui se tinrent réguliérement sous cette dinastie, lui dont le génie pouvoit sans doute supporter seul tout le faix de la législation.

Mr. Moreau joindra à ses savantes leçons un commentaire du traité d'Hincmar, † *De ordine palatii* ; important & précieux monument de nos antiquités ; recueil de points, de faits, d'où l'on pourroit lui susciter bon nombre d'objections embarrassantes, & dont la résolution est digne de lui.

Il ne laissera pas que de rencontrer, dans les capitulaires même, des difficultés que lui seul peut lever. Il trouvera par exemple une Loi de l'an 803, qui ordonne que „ lorsqu'il s'agira d'éta- „ blir une nouvelle loi, la proposition en soit „ soumise *à la délibération* du peuple, *& que*

---

* *Noms des assemblées de la nation sous la 2e. race.*
** *Archevêque de Rheims.*

„ *s'il y a donné son consentement , il la ratifiera*
„ *par la signature de ses représentans.* " *

Il trouvera dans un Edit de Philippe le Bel , **
par lequel ce Roi promet d'établir deux Parlemens à Paris, ces propres mots qui méritent
quelques notes : „ *prætereà propter commodum*
„ *subjectorum & expeditionem caussarum* , propo-
„ nimus *ordinare quod duo Parlamenta Parisiis* ,
„ *& duo Scataria Rothomagensia, & dies trecenses*
„ *bis tenebuntur in anno, & quod Parlamentum apud*
„ *Tholosam tenebitur* , si gentes prædictæ terræ
„ confentiant, *quòd non appelletur à præsentibus*
„ *in Parlamento.* "

ι Il seroit trop long de parcourir la centieme
partie des difficultés que Mr. Moreau s'engage
à résoudre ; & je finirai par ces mots de Pasquier ,
qu'il foudroiera sans doute aussi facilement que
tous les autres ; mais qui sont assez singuliers
pour être rapportés ici.

„ Pourquoi *Capet* , plus fin que vaillant, & qui
„ par astuce seulement étoit arrivé à la couronne ,

„ fit,

---

* *Capitul. vol.* 1. *p.* 194.
** 1302.

„ fit, au moins mal qu'il pu, une paix avec
„ tous les Grands, Ducs & Comtes, qui com-
„ mencerent dès-lors à le recognoître feulement
„ pour Souverain, ne s'eftimant au demeurant
„ guere moins en grandeur que lui; & certes
„ quelques-uns, non fans grande apparence de
„ raifon, font d'advis, que la premiere infti-
„ tution des Pairs commença adonc entre
„ nous. " (1)

Il fera beau voir Mr. Moreau difcutant avec

---

(1) Voici un paffage de Montaigne, bien analogue à
celui de Pafquier. „ Cefar appelle roitelets tous les
„ Seigneurs ayant juftice en France de fon tems. De
„ vrai, fauf le nom de Sire, on va bien avant avec
„ nos Rois, & voyez aux provinces éloignées de la
„ Cour : nommons Bretaigne, par exemple, le train,
„ les fujets, les Officiers, les occupations, le fervice
„ & cérémonie d'un Seigneur retiré & cafanier, nourri
„ entre fes valets; & voyez auffi le vol de fon imagi-
„ nation, il n'eft rien plus royal. Il oit parler de fon
„ maitre une fois l'an, comme du Roi de Perfe, & ne
„ le recognoit que par quelque vieux coufinage, que
„ fon fecretaire tient en régiftre. A la verité, nos loix
„ font libres affez, & le poids de la fouveraineté ne
„ touche un Gentilhomme François à peine deux fois
„ en fa vie. "

une érudition profonde , & fur-tout une faga-
cité franche & impartiale , tous ces paffages , ac-
compagnés d'une foule d'autres , qu'il rapportera
fidellement , fans en tronquer aucun , & qu'il
choifira fans doute parmi ceux qui femblent les
plus défavorables à fon opinion.

Mais un écrivain , *auffi philofophe & fur-tout
auffi honnête* , ne s'en tiendra pas à ces recherches ; il fait que les citations font toujours
détruites par d'autres citations , les autorités
oppofées à d'autres autorités ; il fait qu'on fuppofe rarement de la bonne foi dans ces fortes
de difcuffions , & que plufieurs écrivains ont, à
trop bon droit , donné de la méfiance pour ce
genre polémique.

Il fait que la plus vile des fervitudes , eft
celle de l'efclave qui vend fa plume & fes principes, comme la plus odieufe tyrannie eft celle qui
s'exerce fur les penfées , (1) & qu'un honnête

---

(1) *L'efclavage* , dit Cicéron , *eft l'affujettiffement
d'un efprit rampant & comprimé , qui n'eft pas maitre
de fa propre volonté. Servitus obedientia eft fracti animi, & abjecti, arbitrio carentis fuo.*

(Cic. paradox V. c. 1.)

homme ne fauroit trop écarter le plus léger foupçon d'un tel trafic.

Il n'ignore pas que le Préfident Henault, (ou celui que ce Magiltrat a copié,) vendu à la Cour, a traduit, au grand fcandale de la nation, ces mots : *ex confenfu populi* : par ceux-ci : dans *l'affemblée du peuple* : traduction certainement intolérable, à ne confidérer que littérairement le feul mot *confenfus*; mais dont le mot *ex* découvre bien évidemment la lâche intention ; car les mots *ex* & *in* n'eurent jamais la même fignification, & il eft impoffible de s'y tromper de bonne foi.

Mr. Moreau eft trop inftruit, pour ne pas favoir que la Cour, qui achete & corrompt tout & tous, a porté la précaution jufqu'à falfifier les capitulaires de Charlemagne, dans les nouvelles éditions des Ordonnances, où on les chercheroit envain, (fur-tout dans ce qui concerne les Etats Généraux,) reffemblant au texte qu'on lit dans Baluze.

D'ailleurs, Mr. Moreau, *homme d'Etat & philofophe*, a penfé plus d'une fois, que rien n'importe moins aux hommes que les chicanes & les fubtilités de la jurifprudence diplomatique. Il ne doute pas que leurs droits imprefcriptibles n'exiftaffent également, quand ils ne feroient pas écrits.

Après les favantes difcuffions, qui le feront triompher fur les points de fait , il établira avec évidence qu'il eft poffible , vu les mœurs connues des premiers Francs , tous les monumens qui nous reftent de leurs anciennes inftitutions , de leurs ufages , de leurs maximes , des principes féodaux qui leur fervirent fi long-tems de code ; il établira , dis-je , qu'il eft poffible (1) que le pouvoir législatif abfolu fe foit trouvé *uniquement placé* fur la tête du Chef,

---

(1) Tacite dit expreffément : *que le confentement de tous les membres de la fociété étoit néceffaire dans les délibérations prifes par les Germains ;* & l'on trouve (*mor. Germ.*) ces propres mots , que je fuis bien aife de citer, dans la crainte qu'ils n'échappent à M. Moreau : „ *mox rex*, vel *principes* prout *ætas cuique*, „ prout *nobilitas*, prout *duces bellorum* , prout *facun-* „ *dia* eft , *audiuntur* , *auctoritate fuadendi magis* „ *quàm jubendi poteftate.* " Que M. d'Alembert traduit ainfi , prefque littéralement : *alors le Roi , ou le chef ou tout autre font écoutés felon le rang que leur donne l'âge , la nobleffe , la gloire des armes , l'éloquence. L'autorité de la perfuafion eft plus forte que celle du commandement.*

sans nulle espece de modification , qu'une simple *consulte d'apparat* & non de *réalité* ; puisqu'au droit de *conseil* ne se réunissoit jamais celui de suffrage.

Apres nous avoir appris, quand, comment, sous quel regne, dans quelles circonstances, par quelle gradation cette étonnante résolution s'est opérée , il nous démontrera sur-tout avec une évidence capable de nous inspirer une profonde sécurité, que l'autorité législative remise entre les mains d'un Chef indépendant des Loix, puisqu'il pourra toujours en substituer d'autres , & ne sera jamais arrêté par aucun tribunal compétent, pas même par celui de la nation assemblée ; il nous démontrera , dis - je , que cette autorité ne pourra jamais dégénérer en Despotisme ; car si cela se peut , la question est décidée : je réclame pour les droits des hommes, je proteste pour moi , pour mes enfans, pour tous mes semblables. Le Despotisme n'est pas & ne sauroit être une forme de Gouvernement, & l'administration qui pourroit y conduire une nation, seroit un brigandage criminel, funeste, & contre lequel tous les hommes doivent se liguer.

S'il s'agissoit d'être soumis au pouvoir arbitraire, pourquoi des recherches ? pourquoi des réglemens civils? pourquoi des loix criminelles? Offrons-nous au glaive ; nos maux seront plutôt terminés....

Mais dans quel piege vais-je tomber?.... je parle à des philosophes exempts de préjugés & de paffions, & près de qui je pafferai pour un déclamateur forcené!.... Ils dénonceront fans doute cet ouvrage comme un véritable fignal de révolte. „ La longue expérience des hommes & „ des chofes, leur a appris que le peuple heu- „ reux étoit infolent : qu'il étoit néceffaire de „ lui faire fentir fes chaînes ; & que l'efprit de „ *liberté*, inféparable du *fanatifme*, étoit le pere „ de la *rebellion* & de la *licence....* "

Je connois depuis long-tems ces maximes tant répétées par les efclaves des Cours ; je fais qu'à leur gré *les peuples font encore trop heureux de n'être pas réduits à brouter des terres défertes & ftériles....* (1)

Oui fans doute, quelques êtres plus foibles de corps & d'efprit, que le refte des humains, doivent commander defpotiquement à des mil-

---

(1) Mot affreux, adreffé par l'atroce Bullion à Louis XIII.

lions d'esclaves ; & c'est un effort de générosité que de leur laisser de quoi sustenter leur misérable vie.... Ce principe est humain, il est raisonnable ; & dans un siecle où les arts, la science & la philosophie fleurissent à l'envi , c'est à bon droit qu'on ne s'étonne pas que la Pologne & le Danemarck soient fécondés & nourris par des *serfs* , & que l'Allemagne & la France elle-même en renferme.

Ceux dont le cœur ne s'est pas brisé en entendant que les $\frac{4}{5}$ de l'humanité devoient être malheureux, pour assurer la tranquillité de quelques hommes, (eh ! quelle tranquillité !) pour leur procurer des plaisirs & des jouissances, croiront aisément tout le reste.

Ceux qui ont osé nous vanter *le Despotisme oriental* , & auxquels l'indignation publique n'a pas interdit *le feu & l'eau* , doivent attaquer la liberté dont il ne sont pas dignes. Mais il est enore des hommes honnêtes qui frémiront en entendant les uns , & déploreront le stupide aveuglement des autres.

La liberté est l'ame de l'ame, la vie morale de l'homme, la source de toutes les vertus, la boussole de toute administration prospere, depuis les plus petits détails jusqu'aux plus grandes

Spéculations ; la richesse, la gloire, le soutien des Empires & des Princes qui les gouvernent. Quel homme instruit pourroit donc ne point l'aimer, quand l'instinct de l'humanité ne la réclameroit pas sans cesse ? Et dans quelle autre cause l'enthousiasme seroit-il plus permis ?

Nous abandonnerions, disent les Arragonois dans le préambule d'une de leurs Loix, notre sol ingrat & stérile, pour habiter des régions plus favorisées de la Nature, si notre liberté, défendue & garantie par notre constitution politique, ne nous étoit pas plus chere que toutes les jouissances d'un pays plus fécond & moins libre (1)....

Et nous, dont l'heureuse patrie réunissoit tous ces avantages ; nous, descendans de ces fiers Gaulois, dont la valeur nourrie au sein de la liberté, & sans cesse animée par elle, arrachoit aux Historiens Romains l'aveu de l'effroi qu'elle inspiroit à Rome, si accoutumée à voir ses Consuls & ses légions humiliées par ce peuple

____

(1) On lit dans les anciens Auteurs, des choses très-étonnantes sur la puissance de l'Espagne, dans le tems où, divisée en plusieurs Etats, elle jouissoit d'une liberté depuis tout-à-fait inconnue.

belliqueux, que ce fier Sénat, juge & protecteur
des Rois, *ne penſoit qu'à ſa ſureté & oublioit ſa
gloire* (1), *alors qu'il avoit à combattre ces ennemis
redoutables* ; nous, ſous les coups deſquels s'abat-
tit le farouche Deſpotiſme, qui faiſoit ramper
l'Univers, nous laiſſons fuir de notre ſein cette
liberté qui valut à nos peres leur glorieux re-
nom & la longue durée d'un vaſte & floriſſant
Empire....

Hommes vertueux, luttez pour cette liberté
ſainte ; le deſir d'être utile à ſon pays eſt le
beſoin d'une belle ame ; & s'il eſt vrai qu'il
vient un tems où il n'eſt plus poſſible d'arrêter
le torrent ; s'il eſt vrai qu'un peuple plié à la
ſervitude enviſage un homme qui veut le bien,
comme un inſenſé, & lui nuit réellement quand
il le peut ; ſongez du moins que l'exemple des
vertus eſt la dette des hommes vertueux ; que
le *courage* & la *juſtice* ſont les premieres des vertus, dignes inſtrumens *de gloire & défenſeurs*

---

(1) „ *Quo metu Italia omnis contremuerat, illique &
„ indè uſque ad noſtram memoriam Romani ſic habue-
„ re, alia omnia virtuti ſuæ prona eſſe ; cum Gallis
„ pro ſalute, non pro gloriâ certare.* ”

(Salluſt. jugurth.)

O 5

de la liberté. (1) Que le devoir & la conscience font des juges & des rémunérateurs incorrupti-bles ; & qu'il n'eft aucun fiecle qui n'ait honoré *Caton*, *Helvidius*, *Prifcus*, *Thrafea*, *Duranty*, *Goebriabt*, *Turenne.*

Alors que les grands Hommes font defcendus dans la tombe ; alors que les paffions & les intérêts particuliers s'évanouiffent ; alors que l'envie fe tait, la voix de la poftérité fe fait entendre : les illufions menfongeres difparoiffent ; les vaines clameurs ne font plus ; & fi les grands talens & les vertus fortes, perfécutés & dédai-gnés, furent plus d'une fois le tourment de celui que la Nature éleva au-deffus des autres hom-mes, il s'apprécia du moins au fonds de fon cœur ; il devina le jugement de la poftérité ; & le tribut tardif de notre vénération & de nos éloges apprend à ceux qu'une noble émulation entraine dans la carriere épineufe de la véritable gloire, qu'ils fe trouveront un jour à la place

------

(1) „ *Duabus his artibus, audacia in bello, ubi* „ *pax evenerat, aequitate, feque remque publicam cura-* „ *bant.* " dit l'énergique fallufte, dans le magnifique portrait qu'il a tracé des premiers Romains.

qu'ils auront méritée ; & que les arrêts de l'opinion, les seuls durables, les seuls auxquels n'échappe aucun mortel, sont tôt ou tard équitables.

Les hommes aiment mieux attribuer leur conduite à la corruption générale qu'à leurs mauvaises inclinations ; *il faut*, disent-ils, *telle ou telle chose pour réussir dans le monde* : quelle est donc la nécessité de réussir, au prix d'une action mal-honnête ? j'ose dire qu'il faut faire le bien, & le faire avec audace. Il en résulte au moins le plus grand des avantages, une grande considération à une saine réputation.

Dans les Cours, il n'y a que deux chemins ; celui d'être un frippon, qui sacrifie tout à sa fortune ; ou celui de professer la plus exacte probité.

Il faut beaucoup plus de travail pour soutenir le premier rôle : le second va tout seul ; & l'on arrive, ou l'on reste également par l'un & par l'autre. Tacite dit, en parlant d'un certain Lepidus, qu'il doute : *an sit aliquid in nostris consiliis ; liceatque inter abruptam contumaciam & deforme obsequium, pergere iter ambitione & periculis vacuum.* Pour moi je n'en doute pas. Le chemin le plus âpre j est presque toujours le plus court.

Si tous les hommes étoient perfuadés de cette vérité, les Princes entendroient moins de lâches adulateurs proftituer leur raifon à foutenir des principes infenfés & inhumains.

Je ne faurois comprendre, par exemple, quelle forte d'obfervation ou d'expérience peut étayer ce raifonnement fi commun & fi ancien : *que les hommes pour être tranquilles ne doivent pas être heureux.*

S'il eft une maxime impie, c'eft affurément celle-là ; mais elle renferme auffi le délire le plus inconféquent. Combien d'hommes cependant ont cru qu'elle contenoit le grand fecret de la politique.

Licurgue, réformateur révéré, dont ont a confacré toutes les violences & les vifions ; Licurgue appelloit la *profpérité, la deftructrice des mœurs, parricida morum.* Il parloit en déclamateur, qui ne connoiffoit ni les hommes ni le véritable bonheur. Non, fans doute, la profpérité n'a jamais rien détruit. C'eft l'élément de l'humanité, ou du moins l'objet conftant & néceffaire auquel elle doit tendre. Le Defpotifme & fes menées, le luxe & fes pieges détruifent les mœurs & les États ; & l'un & l'autre détruifent auffi la véritable *profpérité ;* celle qu'ils femblent procurer , n'eft qu'une enflure trompeufe ; & l'unique & ftable félicité ne fe trouve que dans la modération & la liberté. Ces vérités pratiques ne font point des maximes morales ; elles font le réfultat le plus fimple, le plus réitéré, le feul évident, le feul inconteftable du peu de lumieres certaines que nous avons fur l'hiftoire de l'humanité.

Le faux principe de Licurgue & de tant d'autres Philofophes , tient à une premiere erreur qui auroit prefcription s'il en pouvoit exifter en fait d'erreurs. Les législateurs qui n'ont pas puifé leurs législations dans la Loi naturelle, fimple & évidente , c'eft-à-dire , dans la connoiffance & l'expérience de ce qui eft toujours bon & avantageux à l'humanité, ont couvert d'un voile épais & myftérieux la fcience de la politique , qui devoit être celle de tous les hommes.

On s'eft imaginé communément que les opinions ordinaires & les vertus mèmes devoient changer de nature, & fe plier au befoin de cette fcience factice , à l'abri de laquelle les ambitieux fe font rangés , & en ont impofé au peuple par de grands mots.

On n'a pas douté , par exemple , & c'eft une

maxime très-généralement reçue, que la politique doit *exclure la probité*. En réfléchissant davantage, on auroit appris qu'il n'y avoit, au contraire, de politique sûre, que celie qui est fondée
sur la probité; l'infortuné *Roi Jean disoit, que si
la vérité etoit bannie de la terre, elle devroit se
retrouver dans le cœur des Rois.* Ce noble sentiment, aussi conforme aux regles de la politique
la plus habile, qu'aux principes de la vertu la
plus pure, mérite qu'on oublie les fautes de
ce Monarque; & les hommes qui pensent se sou-
viendront plus long-tems de ce mot que de la
bataille de *Poitiers*.

Le Cardinal de Richelieu a recommandé aux
Rois *leur réputation, comme leur bien le plus solide*;
bel hommage, ce me semble, que le vice rend à
la vertu : c'est une chose bien frappante que d'entendre proférer cette maxime à un homme qui
détruisoit par sa seule existence la gloire de son
maître.

Mais cet homme étoit habile : il savoit que les
choses n'ont de valeur réelle que celle que l'opinion y donne; & que les Princes doivent par conséquent prendre le plus grand soin de leur réputation.

C'est donc un principe aussi faux que mal-honnête, que celui qui fait prévaloir ce que l'on appelle *maxime d'Etat*, *intérêt d'Etat* fur la *probité* : *l'intérêt d'Etat & la probité* ne peuvent jamais être féparés ; il feroit auffi abfurde de le penfer que criminel de fe conduire d'après ce principe ; & ce n'a pas eté pour moi un médiocre étonnement, que de trouver dans l'ouvrage eftimé (& eftimable à beaucoup d'égards) d'un favant & célebre Philofophe ; *qu'il ne faut pas confondre le droit politique avec la politique, qui lui eft fouvent contraire* (1). La probité eft la premiere *maxime* ; le *premier intérêt de l'Etat*, c'eft d'être conduit avec *probité* ; & cette qualité, connue dans le Prince & fes Miniftres, fera fon plus ferme foutient intérieur & extérieur.

D'ailleurs, qui s'eft jamais repenti d'être jufte & bienfaifant ? Que les courtifans citent un feul exemple qui prouve que ces vertus ont nui aux Princes ?

---

(1) Cette affertion eft tout au moins ambiguë ; & fi l'Auteur a cru que la *politique ne devoit pas être contraire au droit politique, quoiqu'elle le fût*, cela valoit la peine d'être dit dans des élemens de philofophie.

L'homme, qu'on calomnie fans ceffe auprès des Rois, leur fait gré de tout le mal qu'ils ne lui font pas; nous chériffons un bon Prince; nous lui rendons un hommage de gratitude, comme s'il n'étoit pas en notre pouvoir de dépofer & de punir les tyrans.

Une regle générale & vraie, c'eft que l'on ne fe plaint auprès du maître, que du bien qu'il fait; & l'on ne fe plaint jamais loin de lui, que de fes injuftices. Eh ! comment écouteroit-il la voix d'un peuple qu'il ne connoît que comme l'aveugle inftrument de fa grandeur ?

„ Ce ne font jamais les bons fujets qui man-
„ quent aux Rois; c'eft le Roi qui manque
„ aux bons fujets, dit le célebre & digne ami
„ d'un grand Monarque; la difficulté fera tou-
„ jours, ajoute-t il, de rencontrer un Prince,
„ qui ne cherche point dans le Miniftre de fes
„ affaires le Miniftre de fes goûts & de fes paf-
„ fions; qui, uniffant beaucoup de fageffe à
„ beaucoup de pénétration, prenne fur lui,
„ de n'appeller à remplir les premi.res places que
„ les perfonnes dans lefquelles il aura connu
„ un auffi grand *fonds de droiture & de raifon*,
„ que de *capacité*; enfin, qui ayant lui-même

des

„ des talens, n'ait point le foible de porter en-
„ vie à ceux des autres. ”

Tel étoit l'excellent Henri IV, que Sully s'ef-
forçoit de peindre; ce Prince généreux avoit
fait la guerre depuis sa plus tendre enfance,
il n'avoit jamais eu le tems ni l'occasion d'étudier les détails de l'administration; il ne devoit
que connoitre la science militaire qu'il possédoit
supérieurement, quoi qu'on en ait pu dire.

Henri IV étoit bouillant & colere. Les traver-
ses & les malheurs, dont il avoit été la proie,
devoient encore l'avoir aigri & fait prévaloir sa
violence sur sa gaieté naturelle. Rosny contra-
riant, austere, fier & absolu, fut son favori,
par la seule raison que son maitre devina ses
talens & ses vertus.

Henri devoit sentir pour ce Ministre un véritable éloignement, d'autant mieux prétexté,
que la religion du favori pouvoit semer sans
cesse d'obstacles les négociations nécessaires du
maitre avec le parti le plus puissant du Royaume.

L'intégrité d'un Ministre opiniâtre, hérissé de
rudesse, dut bientôt acharner à la perte de Sully
tous ceux qui n'avoient point de fonds plus
assuré de fortune que les déprédations & le désordre des affaires.

P

Le penchant invincible d'Henri IV pour les femmes & pour le jeu , devoit lui infpirer un extrême dégoût pour l'économie de fon Miniftre , & fur tout une averfion violente pour fes remontrances très - fréquentes , très - libres , & fouvent remplies d'aigreurs.

On devineroit bien , quand on ne le fauroit pas , que les courtifans qui connoiffent toujours parfaitement les foibleffes du maître , envenimoient fans ceffe l'humeur du Prince.

Quel courage ! quel amour de la gloire ! quelle fageffe ! quelle modération ! que de pénétration dans l'efprit ! que de nobleffe dans l'ame ! que de combats ce grand Roi s'étoit livrés avant que d'avoir pris la réfolution ferme , conftante & invariable de s'abandonner fans réferve à un Miniftre qui ne brigua jamais que par fes fervices la faveur de fon maître !

J'ai cru devoir entrer dans ces détails , pour répondre à ceux qui reprochent à Henri IV , à cet homme adorable , dont le mot de *Monfieur* prononcé par un de fes enfans effarouchoit la tendreffe paternelle , qui lui reprochent , dis-je , fon *humeur defpotique* ; & c'eft en effet les réfuter d'une maniere fatisfaifante , que d'obferver fa modération ; car le Prince qui fait commander à lui-même, s'emporte rarement jusqu'à abuſer de la ſupériorité qu'il a ſur ſes ſujets.

Un Roi moins généreux & moins grand, ſe ſeroit aiſément perſuadé qu'il pouvoit exercer un pouvoir abſolu ſur un peuple ſi long-tems armé contre lui, & dans un pays qu'il avoit conquis.

Mais il ſavoit que le pauvre peuple, agité par les paſſions des Grands, n'eſt que l'inſtrument de leur ambition & de leurs haines, & qu'on commet une injuſtice cruelle & ſans fruit alors qu'on exerce ſur lui ſes vengeances. Henri IV ſe livra donc ſans réſerve à toute ſa magnanimité.

Quel Deſpote que le Prince qui pardonne à tous ſes ennemis, après les avoir mis dans l'impuiſſance de réſiſter ! qui paie les dettes de l'Etat obéré, & laiſſe 45 millions dans ſes coffres!

Que le Ciel, dans ſes jours de bienfaiſance, accorde aux nations un grand nombre de tels Deſpotes !

Henri IV avoit contracté dans les camps un ton abſolu, une ſorte de violence même, dont la Nature avoit mis le germe en lui; mais quel moment de ſa vie ne décéloit pas ſon ame paternelle, que nous adorons aujourd'hui, & que nous pleurerons long-tems fur les ruines de là patrie !

Aucune nation , aucun fiecle ne produiront un autre Prince capable des mèmes vertus, fi le befoin de fes alentours, d'étroites, d'importantes liaifons avec les hommes, ne contribuent pas à le former. Charles V & Henri IV, les deux plus grands Rois de la nation, fi Charlemagne n'avoit pas exifté , furent tous deux inftruits à l'école du malheur , & apprirent, long-tems avant que de tenir tranquillement le fceptre , que les Princes qui font les plus fubordonnés de tous les hommes , doivent les refpecter.

Les Rois qui ne s'élevent que par les chofes , & que les chofes inftruifent mal, parce qu'elles fe plient prefque toujours à leurs volontés, à leurs paffions , à leurs opinions , paroîtroient peut ètre les plus ftupides de tous les ètres, fi l'on favoit combien ils ont communément peu de lumieres & d'idées. On retient les paroles raifonnables qu'ils laiffent échapper : c'eft affurément la meilleure preuve qu'elles font en petit nombre.

Il faut qu'un Roi foit très-ftupide en effet pour ne pas juger bientôt fa propre adminiftration ; (s'il autorife l'erreur & qu'il en foit lui-mème le complice , il n'eft plus ftupide : il eft un monftre;) Tous fes alentours le tro npent à l'envi ; je n'en doute pas ; mais l'embarras des miniftres , la multiplicité de leurs expédiens, leur infuffifance , la pénurie des fang fues publiques , qui tôt ou tard, comme nous l'avons montré plus haut , enveloppées dans la ruine générale , dévoilent malgré les courtifans la mifere générale , & préfagent la diffolution de l'Etat.

La population & l'aifance , ces thermometres infaillibles de l'adminiftration , publient la vérité en dépit des flatteurs ; car le Prince le moins inftruit, & le tyran le plus defpote, ne fauroient douter qu'ils ne font puiffans qu'en raifon des hommes qui vivent & fleuriffent fous leur Empire.

Le dragon *de Cadmus* eft l'emblème de la liberté ; les hommes naiffent avec elle. Avant le IXe. fiecle, à peine exiftoit-il une feule ville dans cet immenfe pays, qui s'étend depuis le Rhin jufques aux bords de la mer Baltique. Charlemagne paroit ; & l'Allemagne change de face fous ce grand Homme. (1) L'exceffive po-

____

(1) Il fonda les villes les plus confidérables : deux archevêchés & neuf évêchés.

pulation des Chinois vient de l'attachement qu'ils ont pour leur conftitution douce & ftable , qu'ils ne veulent échanger pour nulle autre ; aucun d'eux ne voudroit s'expatrier ; aucun ne voudroit ni fonder ni fuivre une colonie.

Dans le Defpotifme , tout s'oppofe aux progrès de la population ; parce qu'elle fuit toujours la gradation des richeffes territoriales que le Defpotifme détruit avec tout le refte...

D'ailleurs , la dépopulation y devient la fuite d'un fentiment bien naturel. Les Romains , malgré les Ordonnances rigoureufes contre le célibat , fe refufoient au mariage fous les Empereurs , & craignoient d'avoir des enfans (1)

C'eft affez de traîner une exiftence malheureufe fans la doubler , & & l'on ne vient pas chercher des chaînes ; il n'en eft point de douces , pas même dans les Defpotifmes tranquilles ; car il en peut exifter de tels ; un cadavre n'éprouve plus de convulfions ; ceux-là même font les plus redoutables ; une telle paix eft une longue fervitude. C'étoit la légiflation des Ro-

---

(1) *Nec ideò conjugia & educationes liberum frequentabantur , prævalida orbitate.*

(Tacit. annal. lib. 3.)

mains dans leurs conquêtes (1). Le conquérant armé n'opprime que pour un tems ; mais le Despote désarmé tire son droit de son forfait ; & les hommes apprennent, dans les fers & sur l'échaffaud, qu'ils ne sont sortis des mains de la Nature, que pour être le jouet infortuné d'un petit nombre d'individus, revêtus du pouvoir suprême, pour s'arroger exclusivement tout le bien possible ; car c'est-là le véritable signalement du pouvoir arbitraire ; & j'ose ici défier ses vils apologistes, ceux même qui ont le plus d'opinion de la subtilité de leur dialectique, d'en donner une définition à laquelle je ne puisse, en l'analisant à la rigueur, substituer celle-ci : *le Déspotisme* est la *destination exclusive d'un seul homme à employer tous les autres, même à leurs dépens, à son seul profit*, ou plutôt à ce qu'il croit son profit.

On ne cesse de faire craindre aux Rois la désobéissance & la rebellion de leurs sujets. On devroit plutôt leur faire honte d'assouvir des esclaves rampans. *Machiavel*, dont le témoignage

---

(1) *Ubi solitudinem faciunt pacem appellant.*

(Tacit. vit. Agricol.)

P 4

en faveur de la liberté ne fera pas fufpeƈt ;
Machiavel lui-même, voudroit *qu'un Prince ou
un grand Homme qui afpire à l'immortalité , choifit
pour fon Gouvernement & le théatre de fa gloire
un Etat corrompu & en décadence , qu'il fe propo-
feroit de reƈtifier & d'établir.*

Quel parallele pour un Prince vraiment
defireux d'acquérir de la gloire , que celui de
Licurgue , donnant des Loix à des peuples libres
& méritant ainfi l'hommage de la poftérité ; &
de Sardanapale , * les fens défaillans de volupté,
l'ame énervée par fon propre Defpotifme , commandant à un troupeau d'efclaves , & tranf-
mettant à la poftérité pour toute célébrité un
nom flétri par de crapuleufes débauches, le fouvenir d'une autorité odieufe & illimitée, prefque
auffi aviliffante pour le Defpote que pour l'efclave, & celui d'une ftupidité féroce qui lui
valut le fort ordinaire des tyrans.

Je defirerois que ces prudens Confeillers ,
qui alarment les Princes fur les entreprifes de
leurs fujets , & entretiennent fans ceffe dans
leur cœur la méfiance, l'un des premiers motifs de la tyrannie , citaffent un feul exemple

---

* Ils étoient contemporains,

d'un peuple qui ait fecoué le joug , fans avoir enduré long-tems une cruelle oppreſſion. „ Les plus „ grands maux , dit Comines , viennent volontiers des plus forts , car les plus foibles ne „ cherchent que paix. ”

C'eſt l'excès de la tyrannie qui excita les Eſpagnols à fecouer le joug intolérable des Arabes.

Ce font les vexations odieuſes de Philippe II ; qui valurent à la Hollande ſa liberté. (1)

Les Suédois languiroient encore dans les fers ou dans les cavernes de la Dalécarlie , fi les Rois de Danemarck euſſent arboré moins imprudemment l'étendart du pouvoir arbitraire.

Si Charles XI n'eût pas tyranniquement foulé aux pieds les privileges de la Livonie & de l'Eſtonie * , la Suede qui venoit de recouvrer ſa liberté , n'auroit pas été déchirée par de longues guerres , qui la plongerent dans un tel épuiſement , qu'elle n'en eſt pas encore relevée.

---

(1) Grotius dit : *reſpublica caſu faĉta quam metus Hiſpanorum continet.*

* *Qui lui avoient été cédés par le traité d'Oliva.*

C'eft du fein de l'efclavage le plus terrible ; que les Suiffes ont recouvré la qualité d'hommes ; & je ne faurois m'empêcher de remarquer ici à l'honneur de ce peuple refpectable, que malgré les vexations & les brigandages atroces de fes tyrans, qui fembloient lui permettre une vengeance fanguinaire, il fe contenta de chaffer de fon pays *Landenberg* & fes complices, & de recouvrer fa liberté, fans verfer une goutte de fang.

On parle de la licence des Anglois, & de leur audace effrénée : fans les débats des *Yorck* & des *Lancaftre*, qui fe difputoient le droit d'opprimer les hommes, comme les tigres & les lions s'arrachent leur proie, ce peuple n'auroit jamais penfé à fe reffaifir de fa liberté ; fuivez les événemens qui lui valurent cette liberté (1) qu'il a achétée fi cher, vous vous convaincrez qu'il n'y eut jamais de plan formé de conduire cette révolution jufqu'au dernier degré auquel elle eft

------

(1) Ce n'eft point ici le lieu d'indiquer les atteintes portées à cette conftitution, ni de développer les caufes qui préfagent infailliblement l'altération de la Liberté Britannique.

parvenue, & que les Anglois ne doivent leurs Loix & leur conftitution qu'à l'excès de la tyrannie, qu'ils renverferent, parce qu'ils ne pouvoient plus la fupporter. Il ne fera pas inutile de remarquer que les habitans des Isles Britanniques (1) obtinrent, ou plutôt arracherent au plus valeureux & peut-être au plus habile Monarque qui eût encore régné fur l'Angleterre, la confirmation & la ftabilité de leur grande charre, monument éternel de leur amour pour la liberté, & rempart de leurs privileges.

„ Paroiffez Sire, écrivoient à Henri d'Albret, „ Roi de Navarre, fes fujets; paroiffez feule- „ ment; auffi tôt vous verrez jufqu'aux pierres, „ aux montagnes & aux arbres s'armer pour „ votre fervice. " (2)

O Princes, faites-vous aimer; c'eft autant votre premier intérêt que votre premier devoir;

------

(1) Je les appelle ainfi ; parce que les Anglois fe renouvellerent par le fang qu'ils puiferent dans les veines des conquérans feptentrionnaux, dont les defcendans devinrent prefque les feuls habitans des Isles Britanniques.

(2) Aïeul maternel d'Henri IV. Ce font les habitans de la ville d'Eftelle en Navarrre, qui lui écrivoient ainfi.

aucun peuple ne changera de maître malgré lui.

Mais qui voudroit ramper à jamais fous une verge de fer ?

Sans doute il faudroit étouffer nos malheureux enfans au berceau, ou plutôt dérober de nouvelles victimes aux Defpotes, en nous refufant comme les Péruviens au vœu de la propagation, fi la liberté ne devoit pas prévaloir tôt ou tard.

Sans doute il eft important que les tyrans apprennent par l'expérience de tous les âges, que jamais le Defpotifme ne fut tranquille, ftable & permanent.

Mais il faut auffi que les bons Princes fachent & n'oublient jamais, que fi la bienveillance des hommes eft la chofe la plus néceffaire pour conduire leurs affaires & y réuffir, elle eft auffi toujours acquife à ceux qui leur font utiles. Qu'ils ouvrent les annales de tous les peuples ; ils verront que tout Defpote habile, qui a daigné du moins ê.re jufte, a obtenu l'amour de fon peuple, auffi bien que fa docile obéiffance.

Elifabeth, remplie de principes, dans un fiecle où on ne les connoiffoit pas, fut très-abfolue par caractere ; car il eft difficile, avec autant de talens qu'en développa cette grande Reine, de porter à un plus haut degré tous les défauts de son sexe ; & l'on sait que le desir de l'autorité n'est pas la plus foible de ses passions ; mais elle ne voulut jamais que la gloire de sa nation ; elle voulut absolument & sans restriction l'observation des Loix. Bien-loin d'accorder une autorité sans bornes à ceux qu'elle employoit dans l'administration, elle les surveilla toujours, les tint dans la dépendance, dans l'abaissement même, & ne leur accorda jamais inconsidérément les graces, sur la distribution desquelles elle fut toujours très-réservée pour les courtisans & les ministres ; elle ne se permit point ce gaspillage d'argent, cette prodigalité qui ne peut jamais être qu'un vice ; car la libéralité ne coûte rien à un Roi : ce qu'il donne n'est pas à lui ; il se trouve prodigue avant que d'être libéral ; un Prince est fait pour *récompenser* & non pour *donner*. Les *dons* nuisent aux *récompenses*, & deviennent ainsi des injustices. Cette profusion meurtriere excite les importuns demandeurs, espece d'hommes impossibles à assouvir, (1) &

____

(1) *Car*, dit Montaigne, *qui a sa pensée à prendre ne l'a plus à ce qu'il a pris.*

ruine infailliblement une nation, en réduifant
bientôt aux expédiens le chef, qui dès-lors foule
aux pieds jultice, privileges ; qui livre fon peuple à toutes les extorfions que peuvent inventer
la maltôte & la cupidité. Elizabeth étoit trop
habile pour employer ces manœuvres tyranniques & infenfées ; car elle favoit bien qu'elle
feroit une des premieres à fe reffentir de la
ruine de fon pays. Mais quand elle eût eu
moins de talens & de lumieres, l'heureufe &
fage conftitution, qui ne permet point l'ufage
des deniers aux Rois d'Angleterre, garantiffoit
la nation, des guerres formidables de la fifcalité.
En un mot : fi Elizabeth laiffa échapper quelques
volontés arbitraires, elle fe retint prefque toujours près de l'abus de fon pouvoir, & jamais
les Loix n'eurent plus de vigueur que fous
fon regne ; auffi fut-elle l'idole de fa nation, &
elle le mérita à beaucoup d'égards.

Les Princes apprendront donc, en réfléchiffant
fur les hommes & fur les événemens qui les
agitent, que le peuple ne veut jamais qu'être
heureux, que c'eft-là fon unique ambition &
fon feul objet ; qu'il eft impoffible qu'il préfere
le trouble, la tyrannie & les factions à un Gouvernement fixe & modéré, quand le délire de

fes chefs ne le met pas en combuftion ; & qu'alors même il retombe tôt ou tard , par l'impulfion du befoin, dans fon état naturel , je veux dire , le *travail , la modération & la bonhommie.*

Ils en trouveront la preuve jufques dans l'étonnante cataftrophe de Charles I , fur les ruines duquel s'éleva l'habile & defpotique Cromwel : c'eft ici le triomphe des déclamateurs royaliftes : il eft bon de le rabattre à fa jufte valeur.

Charles I avoit des intentions droites , un caractere foible, & l'humeur vindicative ; il arriva fur le trône dans le moment où la nation & le Defpotifme luttoient enfemble ; il voulut fuivre le plan de fes prédéceffeurs , & n'avoit pas les talens & le génie néceffaire pour fubjuguer fon peuple. Il fut détrôné , & périt par les mains de fes fujets.

C'eft un délire de la liberté, qui , long-tems menacée , s'opprima elle-même , & abufa de la victoire qu'elle remporta fur le Defpotifme ; mais à peine l'ufurpateur eut-il fermé les yeux , que tout fut rétabli dans l'ordre ; le Gouvernement militaire qui , quoique femblable au Defpotifme, l'avoit terraffé , tomba lui-même à fon tour ; & la liberté, à laquelle il fit place ,

s'éleva fur les ruines du pouvoir arbitraire ;
elle apprit même à fe méfier du militaire, qui
l'avoit ménacé, après avoir détruit fon ennemi.

Un Prince foible, excité par des Confeillers defpotes, arma contre fon peuple: fon peuple fut contraint d'armer contre lui : il fallut abattre le Defpotifme par fes propres armes ; il s'en éleva un
fecond auffi dangereux ; les défenfeurs de la liberté, obligés de faire la guerre pour fa caufe,
furent au moment de devenir eux-mêmes op-
preffeurs. Le Chef fut abfolu ; mais ce moment
d'ivreffe ceffa à la mort de ce Chef, & l'autorité
royale ne dut après Cromwel fon rétabliffement
qu'aux Loix & à leur influence fur la Nation
Angloife. Ce peuple qui, dans fon effervefcence,
venoit de commettre un attentat inoui dans
notre Europe, fut retenu par des regles d'héré-
dité, & n'ofa faire aucune affemblée de Parlement, qu'un Roi légitime ne pût l'approuver
felon la teneur des Loix. La répugnance de ce
peuple à enfreindre de fang froid des Loix qu'il
venoit de bouleverfer, donna au Général
Munck, l'un des plus honnêtes & des plus habiles hommes de fon tems, les moyens de faire
prévaloir la Royauté, & de la remettre fur la
tête qui devoit la porter.

Tout

Tout, dans un Etat, tout tient à *la liberté*. *L'inftruction* (d'où dépendent *la modération* & *l'équité*, ces premiers liens des fociétés,) les *mœurs*, le *génie*, le *courage*, la *confidération*, la *puiffance*, la *richeffe publique*, L'HONNEUR, en un mot : & ce mot renferme toutes les vertus; car le célebre & refpectable Montefquieu, s'eft effentiellement trompé, lorfqu'il a établi une différence entre *l'honneur* & la *vertu*.

Le contrafte des mœurs peut mettre quelque différence dans la maniere d'exercer ou de montrer la vertu. Ces différences font ce qu'on appelle *honneur* & *vertu*; mais le fonds en eft toujours le même : c'eft toujours la *vertu* qui refte. Le brave *la Noue*, furnommé *bras de fer*, reçut un foufflet d'un infolent défarmé, avec le même fang froid, & peut-être plus de fang froid qu'il n'eût reçu la piquure d'un infecte; c'étoit-là de la *vertu* : c'étoit affurément de *l'honneur*. Un efclave enorgueilli eft fufceptible d'être un fpadaffin, & ne l'eft pas de rendre le moindre fervice à fa patrie.

Si la liberté eft le premier des refforts pour l'homme, l'efclavage doit altérer tous les fentimens, émouffer toutes les fentations & les dénaturer; étouffer tous les talens, confondre toutes les nuances , corrompre tous les ordres de l'Etat, & y femer la zizanie , germe de l'anar-chie & des révolutions.

Dans un pays où le Chef marche au pou-voir abfolu , vous verrez l'homme de robbe Defpote envers les citoyens , méprifé par les autres ordres ; l'homme d'Eglife fera pour ainfi dire l'ennemi public ; le militaire fucceffivement ignorant & mercenaire , deviendra à fon tour un fléau national. Tous les hommes divifés d'intérêt & de partis , luttent les uns contre les autres , contrarient l'harmonie générale , & fervent ainfi, fans s'en douter , le Defpote dont le peuple paie , au prix de fes fueurs & fouvent de fa fubfiftance , les plaifirs & les caprices.

Point de véritable courage , point de vertus publiques , point de vertus privées dans un tel pays ; car elles fuivent la marche des mœurs , & les mœurs y font infectées de tous les genres de corruption. On n'y connoit plus le refpect filial, (ce nœud facré qui , dans le plus vafte & le plus heureux empire de l'Univers , *unit le Prince , le Gouvernement & les fujets ,)

---

* La Chine.

l'amour de fa femme & de fes enfans (*Hi quique faucliffimi tefles , hi maximi laudatores ;*) fource du bonheur domeftique , fans lequel l'homme ne peut rien, car on n'eft & ne peut ètre courageux & fort au-dehors , qu'autant que l'on eft heureux & aimé chez foi.

Un efclave ne fait pas même obéir , il ne fait que ramper ; le favori eft auffi ferf que le dernier de la nation ; toute place y eft vile; mais avidement acceptée , parce qu'il feroit dangereux de la refufer. Le courtifan eft toujours dans une fituation pénible entre la crainte & l'efpérance ; fon air eft une tranfition fubite & continuelle de l'infolence à la baffeffe : fon cœur eft le réceptacle de tous les vices; il a fi bien formé fon ame, qu'on peut dire qu'il n'en a point.

En un mot un Etat defpotique devient une forte de ménagerie, dont le Chef eft une bète *féroce* , qui n'a guere que cette prééminence fur ce qui l'entoure. Confidérez l'Afie : les Defpotes y deviennent eux-mêmes les plus ftupides automates, comme ils font les maîtres les plus barbares ; tant il eft vrai qu'un engourdiffement deftructeur fuccede dans le Defpotifme aux convulfions fanguinaires de la tyrannie.

Nos Rois, premiers *gentilshommes* & vraiment

Chefs de la nation, (1) étoient les plus abſolus des Rois. Ce ſentiment d'attachement & d'obéiſſance décerné à nos Souverains, *premiers entre égaux*, (2) qui priſoient notre eſtime & recherchoient notre amour, ſe trouve dans les traces les

---

(1) „ Je vous ſupplie, Madame, diſoit François I „ en informant ſa mere de la levée du ſiege de Mezie- „ res : je vous ſupplie vouloir mander par-tout fere re- „ merſyer Dieu ; car ſans point de faute, il a montré „ ce coup qu'il eſt bon François. "

(2) Les Rois n'étoient ſi préciſément que cela chez les nations Septentrionales, qui ſe reſſembloient toutes par leurs mœurs, leurs coutumes, leurs traditions, &c. qu'il y avoit une amende légalement infligée & perçue pour l'aſſaſſinat du Prince, comme pour celui de tout autre citoyen, avec cette différence qu'elle étoit plus forte.

M. d'Alembert a très-bien prouvé que *princeps*, relativement à *comites*, (*Principes pro victoriâ pugnant, comites pro principe*. Tacit. mor. Germ.) ne pourroit ſignifier *que chef de ſes compagnons*. (Primus inter-pares.)

Il eſt indubitable que le mot de *Prince* dans ſa vraie ſignification veut dire : *une perſonne du premier ordre de l'Etat*. On ſait que nos premiers Rois traitoient les Pairs de *principes & primates regni*.

plus anciennes que notre hiſtoire nous tranſmette.
Chez les anciens Germains, l'autorité civile étoit
très contenue & très-limitée ; (1) mais l'attachement pour les Chefs étoit ſans bornes, ils étoient
tout-puiſſans, dit Tacite : *ſi conſpicui, ſi prompti,
ſi ante aciem agant* : alors c'étoit un déshon-
neur de leur ſurvivre dans un combat ; & quand
la nobleſſe pouvoit dire qu'elle étoit l'ornement
du trône en tems de paix, & ſon rempart en
tems de guerre, (*in pace decus, in bello præſi-
dium*) ſon Chef étoit plus Deſpote que le célebre Darius, que tant d'eſclaves ne purent
défendre contre un petit nombre d'hommes
libres.

Dans un tems tout militaire, ſous un jeune
conquérant, un ſoldat oſe dire à ſon Chef, à
ſon Roi qui le prie : *nihil accipies niſi quæ tibi
vera ſors largitur.* Clovis, obligé de diſſimuler,
ne peut & n'oſe ſe venger ; Il attend un moment
de revue, (2) il châtie le farouche ſoldat ; mais

---

(1) [*Lib. 6. c. 23.*]

(2) Les plumes gagées par le Gouvernement, ont
oſé avancer dans un livre nouvellement imprimé, &
dont le titre m'a echappé, que ce ſoldat fut puni au

c'est fous le prétexte d'une faute de difcipline
militaire ; il punit comme Général, & ne prétend rien comme Roi ; encore ajouterai-je qu'il
fut juge & bourreau , craignant fans doute que
fa vengeance confiée à d'autres mains ne fût
trompée.

La réponfe de ce foldat eft féroce fans doute ; (1)
mais quelle conftitution que celle où l'on peut
puifer une telle férocité ? Combien le droit de
propriété y étoit refpecté ! quelle nation que ces
Francs ! Obfervez leur hiftoire : quels hommes !

———————————

même inftant , & ont démenti ainfi *Grégoire de Tours*
dans un des faits les plus connus & les mieux conftatés de notre hiftoire : ce nouveau monument d'ignorance & de lâcheté eft encore dû à M. Linguet , fi je
ne me trompe.

(1) L'exemple de Clotarie I eft bien plus étonnant
encore , & bien moins cité. En 553 ce Prince vouloit
accorder la paix aux Saxons , qui lui offroient une groffe
fomme d'argent. L'armée vouloit livrer bataille. Le Roi
renouvella fes inftances : les François fe jetterent fur
lui , déchirerent fa tente , dont il l'arracherent. En un
mot , il auroit couru le plus grand danger , s'il n'eût
conduit fes troupes à l'inftant à l'ennemi.

(*Grégoire de Tours.*)

quels nerfs ! mais auſſi , quel attachement ! quelle
généroſité !

„ Notre Roi , dît Comines , * eſt le Seigneur
„ du monde , qui le moins a cauſé d'uſer de ces
„ mots : *j'ai privilege de lever ſur mes ſubjects ce
„ qui me plait* : & ne lui ſont nul honneur
„ ceux qui ainſi le diſent pour le faire eſtimer
„ plus grand , mais le ſont haïr & craindre aux
„ voiſins , qui pour rien ne voudroient être ſous
„ ſa Seigneurie ; & même aucuns du royaume
„ s'en paſſeroient bien , qui en tiennent ; mais
„ ſi notre Roi ou ceux qui le veulent élever ou
„ agrandir , diſoient : *j'ai des ſujets ſi bons & ſi*
„ *loyaux qu'ils ne refuſent choſes que je leur de-*
„ *mande , & ſuis plus craint , obéi & ſervi de mes*
„ *ſujets , que nul autre Prince qui vive ſur la terre ,*
„ *& qui plus patiemment endurent tous maux &*
„ *toutes rudeſſes , & à qui moins il ſouvient de leurs*
„ *dommages paſſés ;* il me ſemble que cela lui ſe-
„ roit grand lot , & en dis la vérité , que non
„ pas de dire : *je prends ce que je veux & en*
„ *ai privilege : il le me faut bien garder.* Le
„ Roi Charles-Quint ** ne le diſoit pas : auſſi

* *Chap.* 19. *édit. Lond.* 1747.
** *Charles V.*

Q 4

„ ne l'ai-je point oui dire aux Rois; mais je l'ai
„ bien oui dire à aucuns de leurs serviteurs ,
„ auxquels il sembloit qu'ils faisoient bien la
„ besogne : mais , selon mon avis , ils mépre-
„ noient envers leur Seigneur , *& ne le disoient*
„ *que pour faire les bons valets , & aussi qu'ils ne*
„ *savoient ce qu'ils disoient.*

„ Et pour parler de l'expérience de la bonté
„ des François, ne faut alléguer de notre tems
„ que les trois Etats tenus à Tours , après le
„ décès de notre bon maître le Roi Louis XI,
„ (à qui Dieu fasse pardon ,) qui fut l'an 1483.
„ L'on pouvoit estimer lors que cette bonne
„ assemblée étoit dangereuse , & disoient quel-
„ ques-uns de petite condition & de petite vertu ,
„ & ont dit plusieurs fois depuis , que c'est un
„ crime de leze-Majesté que de parler d'assem-
„ bler les Etats , & que c'est pour diminuer
„ l'autorité du Roi, & ce sont ceux qui commet-
„ tent ce crime envers Dieu & le Roi , & la
„ chose publique; mais servoient ses paroles, &
„ servent à ceux qui sont en autorité & crédit,
„ sans en rien l'avoir mérité.

„ Est-ce donc sur tels subjects que le Roi
„ doit alléguer privilege de vouloir prendre à
„ son plaisir, qui si libéralement lui donnent.

„ Ne feroit il pas plus jufte envers Dieu & le
„ monde, de lever par cette forme que par vo-
„ lonté défordonnée ? *car nul Prince ne le peut*
„ *autrement lever que par octroy, comme je l'ai*
„ *dit, fi ce n'eft par tyrannie & qu'il ait excufe.*"

Qu'on juge par ce beau fragment de l'amour
des François pour leurs Rois, dans les tems où
ils ofoient parler avec autant de hardieffe.

Pourquoi redouter un peuple fufceptible de
force ? Ne feroit-il pas plus avantageux de mériter fon affection?

L'homme n'eft pas méchant quand une inftitution fuperftiticufe, ou un Gouvernement tyrannique, ne lui donnent pas l'exemple de la
férocité, & ne lui laiffent pas pour tout mobile
la crainte, & pour toute paffion la *cupidité*.

Lorfqu'une adminiftration defpotique a corrompu & dénaturé les hommes, ils peuvent devenir les plus dangereux & les plus infatiables
animaux deftructeurs. Tel qui rampa fous l'in-
quifition, fe fignala par fes forfaits dans le nouveau monde. (1)

---

(1) Ces monftres féroces qui lançoient avec des do-
gues des hommes fimples, & fuyant des fupplices af-

De même dans les Etats où l'anarchie, fuite inévitable du Defpotifme, (1) s'eft introduite,

---

freux ; ces conquérans avides d'or , de fang & de carnage , qui virent fans étonnement les p rodiges d'induftrie d'un peuple alors plus civilifé que notre Europe ne l'étoit dans ces tems fauvages , croyoient fans doute que les infortunés Mexicains méritoient anathéme ; parce que leurs Prêtres offroient à leurs Dieux des facrifices de fang humain. Les inquifiteurs Efpagnols n'étoient-ils pas plus criminels quands ils joignoient aux pratiques d'une fuperftition auffi cruelle, l'intérêt de leur cupidité ; puifque le bien de leur victime étoit confifqué à leur profit, tandis que les Prêtres Mexicains n'étoient du moins que des fanatiques.

(1) L'exiftence des hommes opprimés par le Defpotifme feroit trop affreufe, fi l'anarchie ne lui fuccédoit pas ; car c'eft elle qui le renverfe, & c'eft dans fon fein que germent les révolutions qui régénerent la fociété , & vengent les hommes. Ainfi tout femble fuivre dans l'ordre des chofes humaines une révolution conftante , & noûs retraçons fans ceffe la circonférence du cercle dans lequel nous fommes circonfcrits. L'on *pourroit approprier aux hommes*, dit Etienne Pafquier, *ce que le commun peuple dit des maifons nobles ; qu'elles font cent ans banniéres & cent ans civieres.*

La *profpérité* naît fous les pas de la *liberté*. On abufe de cette *profpérité*, & la fervitude lui fuccede bien-

les hommes deviennent des bêtes furieuses, après avoir été des esclaves. C'est alors l'époque *des St. Barthelemi , des Poltrot de Méré , des Jacques Clément , des Ravaillac.*

Mais il faut distinguer chez les hommes le caractere acquis , des penchans naturels ; nous sommes de tous les êtres les plus susceptibles de modifications & sur-tout de passions extrêmes. Un peuple esclave est toujours vil ; il peut être méchant & cruel ; car il est aigri , sombre & ignorant ; & quand l'instruction ne seroit pas le seul rempart de la liberté contre la tyrannie , elle seroit toujours la premiere sauve-garde de l'homme contre l'homme ; mais l'esclave est un homme mutilé. L'homme est fait pour la liberté comme pour l'air qu'il respire. Un maillot trop resserré estropie l'enfant auquel la Nature desti-noit peut-être les plus belles proportions. De même un Gouvernement arbitraire altere toutes les facultés morales.

Laissez l'homme libre ; rendez-le heureux, &

---

tôt ; la *servitude* parvenue au dernier période, amene une *révolution* qui redonne la *liberté* , &c. Le branle du pouss... est une idée sublime ; elle peut s'étendre à tout.

fiez vous à lui pour vous récompenfer du mérite
d'être jufte.

O combien eft *méprifable* un Grand *méprifé !*
puifque tant d'illufions concourent à nous marquer fes vices; puifque les hommes font naturellement portés à favoir gré des actions honnètes les plus fimples , à ceux qui font revêtus
du pouvoir de faire le bien & le mal.

Quand le peuple eft libre, il eft moins mauvais juge qu'on ne croit communément. Quand
il eft efclave, il juge comme on le fait juger.

Les hommes ne fe font-ils pas fait dans tous
les tems des Divinités de ce qui leur fut utile?

Moritafgus , *Verjugodomnus* , *Beladucradus* ,
Hogotius , *Endovellicus* , furent déifiés par les
agreftes Gaulois ; c'étoient des fondateurs de
fociétés, des bienfaiteurs des hommes.

Un *Flaccus*, un *Verrès* , fe firent décerner les
honneurs divins en Grece , en Afie; mais ils
furent la terreur de leurs comtemporains, comme
ils font l'exécration de la poftérité.

Les méchans calomnient le plus fouvent les
hommes, quand ils déclament contre leur injuftice. Nous fommes tous ou prefque tous
équitables , lorfque nous apprécions les actions
de nos femblables. Nous allons naturellement

au-devant de ceux qui nous font du bien ; & fi les hommes ont quelquefois perfécuté ceux qui cherchoient à les éclairer, c'eft depuis que les fanatiques, les envieux, les méchans, c'eft-à-dire tous les inftrumens, ou les complices, ou les protégés du Defpotifme, fe font fait des partis, & ont ameuté leur cabale contre le mérite qui bleffoit leur amour-propre, ou confondoit leurs projets.

Laiffez un libre cours à l'inftruction ; elle fera accueillie par tous, & fera le bien de tous.

Les Defpotes, & les Defpotes mal-habiles, font les feuls qui puiffent redouter le jugement d'un peuple éclairé & libre ; car *rien*, dit un ancien, *n'eft auffi fufpect & ne fait tant d'ombrage aux méchans que la vertu.* (1) L'excellent & refpectable Alfred, dont le génie, refferré par fon fiecle & les mœurs féroces de fon peuple, ne pouvoit fe livrer à fes grandes & nobles vues, gémiffoit du peu d'inftruction de fes fujets, & s'écrioit: *pourquoi les Anglois ne peuvent-ils pas, comme il*

____

(1) *Nam regibus boni quàm mali fufpectiores funt, femperque his aliena virtus formidofa eft.*

(Salluft. Catilina.)

feroit fi jufte, être auffi libres que leurs propres penfées ?

Un tel homme fentoit qu'il avoit été bien plus réellement maitre d'une nation éclairée , & qu'il y auroit eu une toute autre influence.

Charlemagne, Charles V , & tous les grands Rois ont excité & encouragé l'inftruction, & regardé l'ignorance comme le plus grand des malheurs pour les Princes auffi-bien que pour les fujets.

Les obftacles apportés à l'inftruction , les prohibitions qui gènent les preffes, & la publication des écrits publics, font les premieres armes du Defpote, & celles dont l'effet eft le plus cruel à la liberté. Tibere fut le premier Defpote Romain qui ofa hazarder cet acte de tyrannie. (1) On fait qu'Edouard I fit condamner &

---

(1) „ *Cornelio Coffo , Afinio Agrippâ Coff. Cre-* „ *mutius Cordus poftulatur, novo ac tùm primùm au-* „ *dito crimine quod editis annalibus , Laudatoque M.* „ *Bruto, C. Caffium Romanorum ultimam dixiffet.* " Cremutius , dans le difcours de défenfe qu'il tient en plein Sénat , & que Tacite nous à confervé , dit : „ *Marci ciceronis libro , quo Catonem cœlo æquavit ,* „ *quid aliud dictator Cæfar , quàm refcriptâ oratione,* „ *velut apud judices refpondit ?* "

exécuter tous les Poëtes Gallois, après la conquête du pays de Galles, de peur que la tradition poétique de son ancienne indépendance, n'enflammât ce pauvre peuple du desir de la recouvrer.

Cette politique qui interdit la liberté d'écrire & de publier ses pensées, est aussi mauvaise comme *politique*, qu'elle est barbare comme *loi*.

Elle est *mauvaise*, parce qu'elle doit inspirer la plus grande méfiance contre les intentions du Gouvernement.

Parce qu'elle doit établir entre le peuple & ses chefs la confusion de la Tour de Babel.

Parce qu'elle rend inévitable les fautes *des Ministres*, qui ne sont ni éclairés, ni conseillés ni redressés, & qui ne craignent plus ni la critique, ni les plaintes, ni le jugement sévere de l'opinion publique qui ne peut plus se manifester.

Les Loix des douze Tables furent exposées un an entier aux yeux de tous, avant d'être promulguées. Tous les accueillirent & les respecterent.

Cette politique est barbare ; car comment qualifier autrement la constitution d'un Etat, où le Roi peut toujours faire la guerre à la nation,

fans que la nation puiffe jamais être inftruite
de fes droits, des injuftices qu'elle endure,
des vexations dont elle eft la proie ; fans qu'il
foit poffible de fe plaindre des Miniftres, de
détromper le maître, de lui lier les mains s'il
devient un tyran ?

Qu'eft-ce qu'une conftitution où les fatellites
du Defpote peuvent toujours féduire & tromper une partie des citoyens, tandis qu'il n'eft
jamais permis à leurs compatriotes éclairés de
les détromper ?

Qu'eft-ce qu'un Gouvernement où l'on tient
pour maxime, & pour ainfi dire pour *Loi : que
toute regle, toute forme, toute repréfentation, tous
droits s'anéantiffent à l'arrivée du Prince ?* * (ad-
veniente principe ceffat magiftratus) & où perfonne n'a le courage & le pouvoir de dévoiler &
de renverfer cette maxime, auffi dangereufe &
effrayante qu'elle eft abfurde & ridicule ? Il
feroit incroyable qu'elle fût admife dans un pays
forti de la barbarie, fi les Rois de France n'a-
voient pas ufé en mille occafions de cette étrange
prérogative.

----

* *Encyclop. art. Lit de Juftice.*

prérogative. Il ne leur restoit plus à faire que
ce qu'ils ont fait, c'étoit d'anéantir la Magistra-
ture, ou ce qui est plus tyrannique & plus dangereux encore, s'il est possible, c'étoit de l'*avi-
lir*. C'est assurément ici la place de dire un mot
de cet acte d'autorité formidable.

A l'époque de la destruction des Parlemens,
de cette singuliere révolution qui s'est faite, pour
ainsi dire, d'elle même, & qui n'a coûté à celui
qui en a paru l'auteur, que la peine de recueillir le fruit du long esclavage des François ; à
cette époque, dis je, beaucoup d'étrangers (1)
ont applaudi à ce que l'on appelloit impropre-
ment *le nouveau systême* ; & cela n'est pas étonnant.

Ils n'ont vu dans ce changement que l'abolition de la vénalité des charges, (abus presque
intolérable aux yeux de la raison, dont l'exemple unique se trouvoit en France), & l'établisse-

---

(1) Je ne parle que des étrangers ; car les partisans
François de ces nouveaux établissemens ne l'étoient que
par ignorance, fanatisme, esprit d'intérêt ou de vengeance, & ils ne sont pas dignes qu'on fasse mention
d'eux.

R

ment de la juſtice *prétendue gratuite ; illuſion*
groſſiere, dont le mépriſable *Maupeou* a voulu
leurrer la nation, quoique le manque de moyens
& ſa ſordide cupidité , ne lui aient pas permis de
la tromper long-tems. (1)

Peu d'étrangers connoiſſent à fond la Conſtitution Françoiſe , parfaitement ignorée de preſque tous les François (2). Peu d'étrangers ſa-
voient qu'au premier ſoupçon que la néceſſité

---

(1) C'eſt bien de lui qu'on a pu dire : *non tam com-
mutandarum quàm evertendarum rerum cupidus.*
(Cicer. de off L. II. c. 1.)

(2) Pas un ſeul Hiſtorien François n'eſt ſatisfaiſant à
cet égard , & n'a , pour ainſi dire , effleuré cette matiere.
Tite-Live , *Salluſte* , *Tacite* , *Céſar* lui-même encadroit
ſans ceſſe dans l'hiſtoire des faits celle des Loix &
des uſages ; & nos annaliſtes craindroient d'afficher le
pédantiſme de la juriſprudence , s'ils prenoient la même
peine ; mais cela même tient encore à la liberté. Tout
citoyen à Rome avoit droit d'être inſtruit de ce qui l'in-
téreſſoit : nul n'étoit taxé ſans ſavoir ſous quelle forme ,
d'après quel calcul , & pour quel emploi. Nul ne ſu-
biſſoit un jugement ſans connoitre les loix d'après leſquelles il ſeroit rendu. Des hommes puiſſans pouvoient
& devoient ſans ceſſe reclamer pour le peuple ; & cette
réclamation ne pouvoit jamais être éludée. Nulle partie
de l'adminiſtration n'étoit voilée. L'autorité qui s'avance

de la diftribution *gratuite* de la juftice fervi-
roit de prétexte au Chancelier, les Parlemens
l'avoient offerte; perfonne n'a penfé que l'abolition de la vénalité des charges n'avoit pas
même été mife en délibération.

Mais ce que tout homme éclairé devoit fentir,
c'étoit la violation manifefte & authentique
d'un fi grand nombre de propriétés. Or, toutes
les propriétés fe tiennent inféparablement comme
les chaînons d'une même chaîne, & font également facrées: celui qui en attaque une, eft l'ennemi public; car par cela même il les attaque
toutes.

Il ne naît pas, en quatre fiecles, quatre hommes capables de prévoir jufqu'où peuvent aller
les innovations; d'où l'on doit conclure que les
changemens ou les nouveaux établiffemens conf-
titutifs font rarement fans dangers.

Il n'étoit pas difficile de prévoir que des hommes, prefque tous défintéreffés de la chofe publique, affez vils pour dépouiller leurs compatriotes (1), & pour s'impofer le devoir effrayant

---

au Defpotifme cherche à tout dérober, & fon premier
foin eft de tout défunir.

(1) *Quis autem amicitior quam frater fratri, aut*

de décider fur les propriétés & la vie des citoyens, fans avoir jamais étudié les loix (1), pourvus d'une exiftence fragile, précaire, avilie; que des hommes gagés par la cour, efclaves très-rampans du Roi, ou ce qui eft pis encore de fon Chancelier, n'avoient pas le courage de lutter contre les coups d'autorité, & d'inftruire la nation par leur réfiftance; que quand ils auroient ce courage, ils n'en auroient ni le droit ni le pouvoir, par la raifon que je renvoie mon valet lorfqu'il me défobéit.

Oh ! que le judicieux & pénétrant Philippe de Comines femble bien avoir lu dans l'avenir, quand il a dit : (2)

---

quem alienum fidum invenies, fi tuis hoftis fueris.

(Salluft. jugurt.)

(1) C'eft à l'érection de ces nouveaux juges qu'on a pu dire avec Tacite : *que la République étoit auffi tourmentée par les Loix mêmes qu'elle l'étoit auparavant par les vices. Utque antehác flagitiis, tunc legibus laborabatur.*   (Ann. lib. 3.)

(2) (*Mem. liv. V. cap.* 19.) *édit.* 1747.) On trouvera quelque chofe de plus frappant encore, par l'application qu'on en peut faire aux foi-difant nouveaux Parlemens, dans un manifefte de Charles VII, encore Dau-

„ Le Prince tombe en telle indignation en-
„ vers notre Seigneur, qu'il fuit les compagnies
„ & conſeils des ſages, *& en éleve de tout neufs,*
„ *mal ſages, mal raiſonnables, violens, flatteurs,*
„ qui lui complaiſent à ce qu'il dit : *s'il veut*
„ *impoſer un denier, ils diſent deux: s'il menace*
„ *un homme, ils diſent qu'il faut le pendre ;* & de
„ toute autre choſe le ſemblable, *& que ſur-tout*
„ *il ſe faſſe craindre....* Ceux que tels Princes
„ auront ainſi avec ce conſeil chaſſé & débouté,
„ & qui par longues années auront ſervi, &
„ ont accointance & amitié en ſa Terre, ſont
„ mal-contens, & à leur occaſion quelques autres
„ de leurs amis & bienveuillans ; & par aven-
„ ture on les voudra tant preſſer, qu'ils ſeront
„ contraints à ſe défendre ou de fuir vers quel-
„ ques petits voiſins.

„ Et ainſi par diviſion de ceux de dedans le
„ pays, y entreront ceux du dehors. ”

La premiere de ces prophéties ſe vérifie

---

phin, alors à Poitiers, avec le reſte du vrai Parlement ;
il y exhale les vérités les plus dures contre le nouveau
Parlement, erigé par Iſabeau de Baviere. (*Voy. Froiſ-
ſart.*)

R 3

depuis long-tems : la feconde aura fon tour.

La plus grande partie des François gémiroit encore de ce prétendu malheur , tant la nation eft fidelle & conftante, & tant les liens de l'opinion font difficiles à diffoudre.

Pour moi, citoyen du monde, frere de tous les hommes , fidele fujet des bons Rois, ennemi de tous les tyrans , j'envifagerai ce fpectacle avec indifférence, fi les François ne font que changer de maître : j'en ferai témoin avec joie , fi leur fort doit être meilleur ; *Or , après un regne defpotique, le meilleur jour eft le premier.* (1)

Je n'ai d'autre intérèt que celui de la vérité , je n'ai d'autre occupation que celle de la publier.

La perfécution ne m'effraie pas , car la fortune & la faveur ne fauroient me féduire ; je ne voudrois pas que ma nation méritât le reproche que Tibere faifoit aux Romains , (2) & que nos Princes euffent plus à fe plaindre de la baffeffe de leurs

---

(1) *Optimus eft poft malum principem dies primus.*
(Tacit. h.ft.)

(2) *O homines ad fervitutem paratos !*

fujets, que les fujets de la répugnance que leurs Princes ont à entendre la vérité.

Je l'ai dite telle que je la favois, telle que je la voyois. Puiffai-je infpirer à des citoyens plus habiles & plus éloquens que moi le courage néceffaire pour apprendre à leurs compatriotes, que chacun d'eux n'eft en fociété que pour retirer de cette affociation fon plus grand avantage ; qu'un Roi, Chef de la fociété, n'eft inftitué que par elle & pour elle.

Que tout Souverain qui fe dit tel, *par la grace de Dieu*, (1) reffemble à Xerxès, enchaînant les mers, (2) ou frappant de verges le mont Athos, s'il opprime fon peuple & que ce peuple fe fouleve ; car Dieu ne fauroit être que le juge inexorable & terrible des tyrans.

Que fi *l'Hercule* de la fable ou le *Samfon* de l'hiftoire facrée exiftoient, & qu'un pouvoir

---

(1) Charlemagne fut le premier qui employa ces mots : *gratiâ Dei rex ;* il eût été noble, jufte & digne de ce grand homme d'ajouter, *& confenfu populorum.*

(2) Le célebre *Canute*, le plus puiffant Prince de fon tems, fe laiffa mouiller par les vagues de la mer, aux yeux des flatteurs qui vantoient fa puiffance illimitée : belle leçon pour l'orgueil des humains !

furnaturel les rendit invulnérables , la force fuffi-
roit peut-ètre aux tyrans ; mais que la force la
plus prodigieufe , fuccombant fous l'effort d'un
très-petit nombre d'hommes , chacun de nous ,
depuis le plus fuperbe Potentat jufqu'au dernier individu de la fociété , a befoin du laboureur
qui feme & recuelle , & de tous les hommes
fes femblables , qui l'aideront s'ils en font aidés.

Qu'aucun homme n'a droit d'opprimer un
autre homme ; car aucun ne voudroit être opprimé ; & fi l'on tire un droit de la force , un
autre plus fort pourra toujours revendiquer le
mème droit.

Que le citoyen peut & doit défendre fa liberté avec courage & opiniâtreté : que celui
mème qui la défendroit avec frénéfie , ne feroit
pas plus coupable que celui qui fe précipiteroit
avec rage fur le ravilleur de fa femme & de
fes enfans , fur l'affaffin qui en voudroit à fa
vie ; car l'une & l'autre défenfe font pour lui les
plus facrés des devoirs.

Que l'homme n'a pas le droit d'apprécier
pour un autre homme le prix de la liberté ou
le poid de la fervitude. (1)

____

(1) *Nous craignons la mort & l'exil* , difoit Cicé-

Mais qu'il doit toujours affiſtance à ſon ſemblable, pour recouvrer celle-là & briſer celle-ci;
car ſon intérêt & la Nature lui en impoſent
également le devoir.

Que les hommes ne doivent plus reconnoître (1)
une puiſſance qui ne les nourrit pas, & qu'ils doivent par conſéquent renverſer la puiſſance qui
les pille & les opprime. Dans les contrées infor-
tunées, où s'exerce une telle puiſſance, on oé-
fend ſous des peines afflictives la pourſuite des
ſangliers qui ravagent les moiſſons. Le Gouvernement eſt en effet trop reſſemblant à ces animaux voraces & deſtructeurs, pour ne pas les
prendre ſous ſa ſauve-garde. (2)

---

ron ; *& combien donc devons-nous redouter la ſervitude , le pire de tous les maux qui affligent l'humanité.
Mortem & ejeĉionem quaſi majora timemus quæ mul-
tò ſunt minora.*

(1) *Les Chinois* , dit l'Auteur de l'hiſt. polit. & phi-
loſ. du comm. des deux Indes, *ne reconnoiſſent plus une
puiſſance qui ne les nourrit pas.*

(2) Sous Guillaume le Conquérant, qui dépeuploit
de vaſtes territoires pour planter des forêts, on crevoit
les yeux à quiconque tuoit un ſanglier, un cerf, ou même
un lievre , dans le même tems où l'on payoit une amende

Que le Defpotifme qui s'eft introduit généralement dans prefque toutes nos conftitutions Européennes, a dénaturé toutes les langues, toutes
les idées, tous les fentimens mêmes.

Que l'intérêt perfonnel, devenu le mobile & le
juge de toutes les actions humaines, a reculé
fans ceffe les bornes de l'autorité pour recevoir
le prix de fes ménagemens.

Que pour pallier à leurs propres yeux leur
foibleffe & leur lâcheté, les efclaves ont multiplié continuellement les acceptions & augmenté
la force des mots, *devoir*, *obéiffance*, *foumiffion*,
mais que ces mots font abufifs & ne renfer-
ment aucun fens, lorfqu'ils ne font pas le réfultat des principes dont la reconnoiffance des
droits de l'homme eft la bafe.

Que les Prêtres, partifans & fauteurs du Defpotifme, caractere diftinctif de leurs prétentions
& de leur efprit, foutiennent en vain *le dogme
de l'obeiffance paffive*; menfonge ftupide, fauffeté
monftrueufe, imputée à Dieu, attribuée à
l'Ecriture.

Que de tels principes font une injure faite

---

modérée pour le meurtre d'un homme. (*Voyez M.
Hum.*) Louis XI aimoit paffionnément la chaffe, il la
defendit.   (*Voyez M. Duclos.*)

à la Divinité, & qu'un tyran ne ſauroit être *Point du Seigneur*.

Que la religion chrétienne enſeigne une morale abſolument contraire. * „ Les Grands, diſoit un de ſes plus reſpectables miniſtres à „ un redoutable Deſpote, qui avoit tant ſacrifié „ d'hommes & de récoltes à ſa gloire: les *Grands* „ *ne doivent leur* élévation qu'aux beſoins publics, & loin que les peuples ſoient faits pour „ eux, ils ne ſont eux mêmes, tout ce qu'ils „ ſont, que pour les peuples. Quelle affreuſe „ providence, ſi toute la multitude des hommes n'étoit placée ſur la terre que pour ſer„ vir aux plaiſirs d'un petit nombre d'heureux „ qui l'habitent ! .... Ils perdent, ajoute t il, le „ droit & le titre qui les fait Grands, dès qu'ils „ ne veulent l'être que pour eux. "

Que toute autre morale eſt impie ; car elle eſt inhumaine ; que tout autre langage part d'un lâche adulateur ou d'un fanatique forcené.

Que la Loi Divine, qui ne ſauroit être que la plus avantageuſe pour l'humanité, ordonne de *dire* & de *publier* la vérité : „ on eſt

---

* *M. Maſſillon*, *petit carême ſur l'humanité des Grands.*

„ fon défenfeur, dit St. Ambroife, fi, du mo-
„ ment qu'on la voit, on la dit fans honte &
„ fans crainte. " (1)

Qu'il faut fe méfier de tous les pieges qu'on
offre à la crédulité du peuple, qui doit croire
que toute maxime contraire à fon bonheur ou
à fa liberté, eft auffi criminelle aux yeux de
l'Etre fuprème qu'à ceux de notre raifon,
que nous tenons tous de fa bienfaifante Toute-
Puiffance.

Qu'il faut donc méprifer les fuperftitieux &
abhorrer les fanatiques.

Qu'il faut repouffer auffi cette urbanité fi
vantée, dont les Defpotes tâchent de bigarrer
nos mœurs, & qui fuit conftamment la marche
de la corruption.

Qu'il faut craindre de reffembler à ces *Bretons*, chez lefquels Agricola introduifit le luxe
& l'Elégance Romaine, qui y firent de tels progrès, que les peuples conquis immoient jufqu'aux
vices de leurs maîtres, & décorerent du nom
de *politeffe* la partie la plus réelle & la plus durable de leur fervitude. (2)

____

(1) *Ille veritatis defenfor effe debet qui cum rectè
fentit, loqui non metuit nec erubefcit.*

(2) *Paulatimque difceffum ad delinimenta vitiorum*

Que dans les siecles polis, où les mœurs sont revètues d'un vernis si uniforme & si agréable, cette écorce séduisante couvre tous les vices, *je veux dire la cupidité, l'orgueil & la lâcheté.*

Que la douceur, l'indolence, l'inertie, présagent la décadence, & masquent la servitude.

Que la mollesse est plus dangereuse en France qu'en tout autre pays, parce qu'ailleurs elle *abrutit*, & qu'en France *elle rend l'esprit faux & délicat ;* * de sorte qu'elle a plutôt altéré les mœurs.

Que ce sauvage Athénien qui répondit, aux offres de service du Despote Macédonien : *fais pendre Philippe :* (1) n'étoit pas propre sans doute à être courtisan ; mais qu'il étoit bien moins susceptible encore d'être un vil esclave ; & que nous aurions besoin aujour-

---

" *porticus & balnea, & conviviorum elegantiam ;*
" *idque apud imperitos humanitas vocabatur, cum*
" *pars servitutis esset.*   (Tacit. vit. Agricol.)
* *Ami des hommes.*

(1) Démocharès, envoyé d'Athenes, à qui Philippe demandoit : *ce qu'il pouvoit faire pour le service de la République.*

d'hui de tels hommes plutôt que de diferts orateurs (1)

Que la préfomption a perdu l'Europe (2) & notre patrie : qu'on ne loue guere les petits talens ; que quand on n'a point de grandes vertus ; nous n'en avons plus affez pour rougir de celles de nos peres, en laiffant retomber les yeux fur notre fiecle : & grace *au bon ton* introduit dans la fociété : nous *perfifflerions* aujour-

---

(1) Qu'on ne prenne point ceci comme une fatyre contre les gens de lettres , fi l'on peut appeller ainfi les *Moreau* & les *Linguet ;* j'ofe affurer que ceux de cette efpece font rares. Ce ne font point les écrivains à réputation, du moins aujourd'hui, qui fomentent l'efclavage. En cultivant la raifon, & répandant les lumieres,ils font connoitre les *droits* & *les devoirs* S'il en eft quelques-uns qui laiffent échapper des principes trop peu réfléchis , ou qui facrifient à l'harmonie des mots la juffeffe d'une penfée, il en eft beaucoup qui parlent avec une hardieffe très-noble de la liberté , & j'ai vu ces morceaux applaudis avec enthoufafme au théatre & aux feances publiques des académies. J'ofe le dire : en général , les ames fe relevent tellement qu'il faudra bientôt du courage pour être lâche ; & la nation reprendroit bientôt fon énergie , fans les tyranniques vexations du Gouvernement.

(2) Voyez les Anglois , &c. &c. &c.

d'hui les *Bayard* & les *du Guesclin*, parce que nous ne pouvons plus les imiter.

Que nos peres, dont une triple enveloppe d'airain défendoit l'honneur & la liberté, n'eussent pas été impunément le jouet d'une cohorte de publicains & de ministres plus avides encore; que ces dignes guerriers n'eussent pas plus souffert l'oppression intérieure que les insultes du dehors.

Qu'il seroit tems d'essayer si leur mâle & généreuse rudesse ne vaudroit pas notre inépuisable patience; (1) & qu'alors la France ne seroit plus l'objet du mépris des étrangers & la victime de l'oppression la plus absolue & la plus multipliée.

Puissai-je entendre dire enfin aux Princes, avec non moins de hardiesse & de vérité!

Il faudroit bien de l'audace aux Despotes, s'ils réfléchissoient sur les suites du Despotisme.

De tous les Empereurs qui succéderent à

-----

(1) *Patientia servilis*, dit Tacite.

Jules Céfar , iufqu'à Vefpafien, (1) aucun né‑
mourut que de mort violente.

L'Afie en proie au fléau deftructeur nommé
Defpotifme, dont e'le fut le berceau , nous offre
le théatre des révolutions les plus fréquentes &
les plus fanglantes.

On compte les tyrans qui font morts dans
leur lit d'une mort naturelle.

L'Injustice , *en un mot , a bien fouvent détrôné
des Souverains ; mais elle n'a jamais affermi les
Trônes.* (2)

O Rois qui vieilliffez dans une longue enfan‑
ce ; vous que la facilité, plus que l'intérêt, mene à
la

(1 Augufte fut empoifonné par *Livie* fon époufe ;
Tibere fut étouffé par *Macron* fon favori , pour frayer
le chemin du trône à *Caligula* qui perit par la main
des Officiers de fa propre garde. *Agrippine* empoifonna
Claude fon mari. *Néron* termina lui-même fa vie. *Galba*
perit auffi bien que *Vitellius* par la main des foldats.
Othon enfin fe poignarda lui-même.

(2) *Maffillon , fur les obfiacles que la vérité trouve
dans le cœur des Grands.* [Petit carême.]

la tyrannie, tremblez que votre propre intérèt, votre plus chere idole, deſſille vos yeux & réveille en vous la crainte prudente & les remords effrayans. Les mains du fanatiſme attenterent ſur les Princes les plus chéris & les plus dignes de l'ètre. Quel Deſpote oſera dévaſter ſes Etats ſans crainte ! quel tyran peut eſpérer d'opprimer impunément vingt millions d'hommes.

Le citoyen honnète à qui l'amour de la liberté donne le courage d'écrire & de publier cet ouvrage, auſſi eſtimable pour les principes que foible par ſon exécution ; le citoyen honnète qui oſe ſe plaindre à vous de vous, abhorre les aſſaſſins ; & ſe précipiteroit au-devant de l'eſclave forcené, qui leveroit une main criminelle ſur votre ſein.

Mais ce mème citoyen ſeroit auſſi le premier à repouſſer vos cohortes mercénaires, & crieroit à ſes compatriotes :

Le Monarque n'eſt reſpectable qu'alors qu'il eſt le pere, le défenſeur, l'organe de la patrie, pour l'avantage de laquelle il fut élevé.

Le devoir, l'intérèt (1) & l'honneur ordon-

---

(1) Il exiſte en Angleterre une Loi obtenue par la

nent de réſiſter à ſes ordres arbitraires , & de lui arracher même le pouvoir, dont l'abus peut entraîner la ſubverſion de la liberté, s'il n'eſt point d'autres reſſources pour la ſauver.

Vous devez tout à l'obſervation des Loix , & vous n'êtes tenu à *l'obéiſſance* & au *reſpect* que relativement à elles.

Oui, Prince : vous êtes aſſez malheureux pour ne l'avoir jamais entendu ; mais il eſt tems de l'apprendre :

„ Où la liberté perd ſes droits : là ſe trouve „ la frontiere de votre Empire. "

Puiſſiez-vous , en entendant ces vérités nouvelles , vous réveiller du profond aſſoupiſſement

---

Chambre des Communes ſous le regne de l'uſurpateur Henri IV ; par laquelle il eſt porté qu'aucun Juge , convaincu d'avoir prévariqué dans ſes fonctions, ne pourroit être excuſé ſur l'allégation juſtificative d'un ordre & même d'une menace du Roi, quand il auroit riſqué ſa vie en y réſiſtant. (*Voy. M. Hum. hiſt. de Plantagenet.*)

Cette Loi, belle & ſage dans ſes diſpoſitions, eſt, dans tous les ſens & tous les cas poſſibles , conforme à l'exacte équité ; car celui qui ne ſe ſent pas la force de remplir un devoir , quelque riſque qu'il court en s'en acquittant, ne doit pas ſe l'impoſer.

dans lequel vous êtes plongé , ranimer votre
ame à la véritable gloire , je veux dire , à celle
de réparer ses fautes , & vous écrier : „ soula-
„ geons mon peuple , élevons ma nation ; il en
„ est tems encore , car j'apperçois quelques tra-
„ ces de la liberté mourante. " (1)

___

(1) *Manebant etiam tum vestigia morientis liberta-*
tis.   [Tacit. annal.]

F I N.

___

NOTE DE L'EDITEUR.

L'Editeur , inévitablement empêché par des
affaires imprévues , de suivre cette édition , a
trouvé en la lisant quelques fautes essentielles
qu'il est important de corriger. Il supplie le Lec-
teur de jetter les yeux sur l'Errata , toutes les
fois que le sens , ou quelque défaut de conve-
nance , l'arrètera.

FAUTES ESSENTIELLES A CORRIGER.

Page 21 , ligne derniere , *moins les relations ;* lisez :
        moins ses relations.

p. 25, à la note, lig. 2. *Vous essuyez ;* lisez : **vous** choyez.

p. 32. l. 14. *de bien ;* lisez : de biens.

p. 42. l. 14. *que les institutions ont ;* lisez : que les institutions sociales ont.

p. 63. à la note, *voyez page* 16 ; lisez : voyez p. 41.

p. 81. l. 22. *les a dispersés ;* lisez : les a dispensés.

p. 84. l. 2. *Louis XI ;* lisez : Louis IX.

ibid. l. 11. *on pourroit lui dire ;* lisez : on pourroit dire.

p. 86. l. 14. *l'a , dit-il ;* lisez : l'a dit.

p. 89. dans la note , l. 16. *l'Abbé Fuyer ;* lisez : l'Abbé Suger.

p. 91. l. 1. transportez cet astérique à l'alinéa suivant, après ces mots : *ils penseront.*

p. 94. l. 14. *disoit* Bolingbroke ; lisez. diroit Bolingbroke.

p. 98. l. 10. *de l'humanité dans ce Gouvernement ;* lisez : de l'humanité ; dans ce Gouvernement.

p. 103. la note qu'on voit au bas de cette page se rapporte à ces mots , lig 11. *vû leur éducation stupide.*

p. 106. l. 17. *son mérite ;* lisez : son maitre.

p. 124. l. 14. *la moindre ;* lisez : la même.

p. 125. l. 10. *l'Isle Dormuz ;* lisez : d'Ormuz.

p. 128. l. 8. *Socrate ;* lisez : Isocrate.

p. 150. l. 10. *de son esprit tournoit en ;* lisez : de son esprit , & la justesse de son goût , tournoit en.

p. 155. l. 13. les deux astériques se rapportent au mot *d'Allemands* , même pag. l. 10.

p. 163. l. 3. *c'est-à-dire à-peu-près ;* lisez : c'est dire à peu-près.

p. 167. l. 15. *quel titre donnera ;* lisez : quel titre donner à.

p. 170. l. 10. *ces mêmes ressorts ;* lisez : ces menus ressorts.

p. 173 l. 1. de la note, *d'Uwen ;* lisez : d'Owenn.

p. 175. l. 12. *qui voient : ainsi ;* lisez qui voient ainsi :

p. 180. l. 2. *quelque génie ;* lisez : quelque génie prophetique.

p. 183. l. 4. de la note, *fut restrainte & limitée ;* lisez : fut restrainte & limitée.

p. 191. l. 3. *qui doit tout* ; lifez : qui doit tant.
ibid. l. 18. *une ligue* ; lifez : une ligne.
p. 194. l. 10. *fappe* ; lifez : fappa.
p. 195. l. 6. *le fiege* ; lifez : le finge.
p. 197. l. 3. *d'inftitutions* ; lifez : d'inftruction.
p. 205. l. 3. de la note , *Merwingerum* ; lifez Merwin-
   gorum.
p. 207. l. 6. *mulli* ; lifez : malli.
p. 213. l. 7. *réfolution* ; lifez : révolution.
p. 218. l. 5. *Goebriaht* ; lifez : Goebriant.
p. 219. l. 3. *à une* ; lifez : & une.
p. 235. l. 10. *chatre* ; lifez : charte.
p. 246. l. 1. de la note , *Clotarle I* ; lifez : Clotaire I.
p. 247. l. 1. *quels nerfs !* lifez : quel nerf !
ibid. l. 20. *grand lot* ; lifez : grand los.
p. 252. l. 4. *à nous marquer* ; lifez ; à nous mafquer.

AVIS AU RELIEUR.

NB. qu'il y a cinq cartons à placer aux
folios fuivans : 43. 120. 190. 230.
241.

www.ingramcontent.com/pod-product-compliance
Lightning Source LLC
LaVergne TN
LVHW021543170726
843501LV00004B/1184